Heike Lemberger
Franca Mangiameli
Nicolai Worm

DIE NEUE LOGI® DIÄT
DAS KOCHBUCH

Heike Lemberger
Franca Mangiameli
Nicolai Worm

DIE NEUE LOGI® DIÄT DAS KOCHBUCH

Über 80 mediterrane Rezepte zum Abnehmen und Schlankbleiben

riva

Bibliografische Information der Deutschen Nationalbibliothek:
Die Deutsche Nationalbibliothek verzeichnet diese Publikation in der Deutschen Nationalbibliografie.
Detaillierte bibliografische Daten sind im Internet über http://d-nb.de abrufbar.

Für Fragen und Anregungen
info@m-vg.de

Wichtiger Hinweis
Dieses Buch ist für Lernzwecke gedacht. Es stellt keinen Ersatz für eine individuelle medizinische Beratung dar und sollte auch nicht als solcher benutzt werden. Wenn Sie medizinischen Rat einholen wollen, konsultieren Sie bitte einen qualifizierten Arzt. Der Verlag und der Autor haften für keine nachteiligen Auswirkungen, die in einem direkten oder indirekten Zusammenhang mit den Informationen stehen, die in diesem Buch enthalten sind.

Ausschließlich zum Zweck der besseren Lesbarkeit wurde auf eine genderspezifische Schreibweise sowie eine Mehrfachbezeichnung verzichtet. Alle personenbezogenen Bezeichnungen sind somit geschlechtsneutral zu verstehen.

Originalausgabe
7. Auflage 2025

Türkenstraße 89
80799 München
Tel.: 089 651285-0

Redaktion: Caroline Kazianka
Umschlaggestaltung: Georg Feigl
Umschlagabbildungen: Vorderseite: Wolfgang Schardt; Rückseite: Wolfgang Schardt; Innenseiten: © riva Verlag
Satz: inpunkt[w]o, Wilnsdorf (www.inpunktwo.de)
Druck: Florjancic Tisk d.o.o., Slowenien
Printed in the EU

ISBN Print 978-3-7423-1083-5
ISBN E-Book (EPUB, Mobi) 978-3-7453-0713-9

Inhalt

Vorwort

Seit 2003 schreiben wir nicht nur über LOGI, wir leben diese Methode und setzen sie erfolgreich bei unseren Kunden ein. Bevor wir damit in Berührung kamen, berieten wir unsere übergewichtigen und insulinresistenten Klienten so, wie wir es im Rahmen unseres Studiums der Oecotrophologie (oder Ernährungswissenschaften) gelernt hatten: Der Fokus lag auf einer fettarmen und kohlenhydratreichen Ernährung, die »idealerweise« auf fünf bis sechs Mahlzeiten verteilt wurde. Wer abnehmen wollte, bekam dazu einen fettarmen Ernährungsplan mit 1200 bis 1600 Kilokalorien am Tag erstellt. Pro Mahlzeit stand oftmals nicht mehr als 1 Teelöffel Öl zur Verfügung. Damit dieses bisschen Öl auch die Chance hatte, jedes Salatblatt zu benetzen, haben wir unseren Kunden Ölfeindosierer empfohlen. Bei Suppen kamen die Fettwegkannen zum Einsatz, um alle Fettaugen verschwinden zu lassen. Und ohne Haushaltswaage ging sowieso gar nichts. Wer sich an diese Vorgaben hielt, nahm logischerweise durch das entstandene Kaloriendefizit ab. Aber jeden Patienten, der mit einem solchen eingeschränkten Ernährungsplan unsere Praxis verließ, bedauerten wir. Außerdem waren wir selbst nicht wirklich überzeugt, dass eine solche Magerkost dauerhaft zum Erfolg führen würde.

Das erste Mal in Berührung mit Low Carb kamen wir im Jahre 2002 im Rahmen eines Vortrages von Dr. Nicolai Worm an der Universität Hamburg. Zunächst irritierten uns Worms Aussagen: Fett macht nicht Fett, und zu viele Kohlenhydrate sind für eine bewegungsarme Gesellschaft nicht so optimal? Wie bitte? Bis dato vermittelten wir unseren Kunden genau das Gegenteil – nämlich, dass eine fettarme und kohlenhydratreiche Ernährung mit viel Vollkornbrot und Kartoffeln das Optimum sei. Seine Botschaften standen somit völlig im Gegensatz zu dem, was wir bisher an der Hochschule gelernt hatten. Zunächst mussten wir diese für uns neuen Erkenntnisse sacken lassen. 2003 erschien dann Worms Bestseller *Die LOGI-Methode*.

LOGI steht für Low Glycemic and insulinemic diet – eine Ernährungsform, die durch den niedrigen Kohlenhydratgehalt und höheren Fett- und Eiweißanteil den Zuckerstoffwechsel nicht so stark belastet, da hohe Blutzucker- und Insulinspiegel vermieden werden. Genau das will man in der Ernährungsberatung von Menschen mit gestörtem Zuckerstoffwechsel erzielen. Wir sprechen hier nicht nur von zuckerkranken Menschen (Diabetikern). Die meisten Übergewichtigen, die sich kaum bewegen, aber auch 20 Prozent der schlanken Menschen mit sehr hohem Körperfettanteil, dicken Bäuchen und dünnen Beinchen, haben einen gestörten Zuckerstoffwechsel. Man nennt sie auch TOFI (Thin outside, fat inside), was bedeutet, dass sie äußerlich schlank sind, aber innerlich verfettet. Kurzum 80 Prozent unserer Patienten haben Probleme, Kohlenhydrate zu verstoffwechseln.

Im Selbsttest überzeugten wir uns von der einfachen Umsetzbarkeit und der geschmacklichen Vielfalt der LOGI-Methode. Am eigenen Leib stellten wir fest, wie genial satter und fitter wir uns mit dieser neuen Ernährung fühlten. Schließlich fingen wir ganz enthusiastisch an das LOGI-Konzept zu verbreiten – bei unseren Kunden, aber auch Kollegen. Während unsere Kunden ihre Begeisterung für LOGI mit uns teilten, hielt sich diese bei Kollegen sehr in Grenzen. Low-Carb-Ernährungsweisen wie LOGI waren verpönt und wurden unter Ernährungsfachkräften als unwissenschaftliche Mode-Diäten mit großem Gefährdungspotenzial abgetan. Wie konnten wir es nur wagen, unseren Diabetikern und armen Abnehmwilligen Kartoffeln und Brot vom Speiseplan zu streichen bzw. zu reduzieren? Nicht nur, dass es fürs Herz und die Nieren ganz schädlich sei, Kohlenhydrate durch mehr Fett und Eiweiß zu ersetzen, wie sollten die Klienten ohne die klassischen Sättigungsbeilagen überhaupt richtig satt werden? In unseren Beratungen sind wir natürlich nicht gleich mit der Tür ins Haus gefallen, sondern haben den Betroffenen zunächst einmal schmackhaft gemacht, was sie ab jetzt alles essen durften. Das Highlight war für die meisten allerdings die Botschaft, dass sie mit LOGI keine Kalorien mehr zählen mussten – der Trick, um dabei trotzdem abzunehmen, war und ist auch heute noch eine clevere Sättigung, das heißt die primäre Berücksichtigung von gesunden Lebensmitteln, die gut satt machen, ohne übermäßige Kalorien zu liefern.

Sicherlich trug unsere eigene Begeisterung für diese Methode auch ein Stück weit zum Erfolg bei den Patienten bei. Wir können uns noch genau an die ersten Aussagen unserer Kunden erinnern: »Ich habe noch nie so viel gegessen und dennoch abgenommen«, »Zum ersten Mal habe ich im Urlaub mein Gewicht gehalten« oder »Ich habe keinen Heißhunger mehr«. Eines der schönsten Erlebnisse war ein Patient, der Eier liebte. Dank LOGI durfte er diese nun trotz nicht alkoholischer Fettleber und zu hohen Cholesterinwerten täglich in seinen Speiseplan einbauen. Ganz stolz zeigte er uns nach fünf Monaten seine Werte. »Schauen Sie, ich habe keine Fettleber mehr, meine Werte sind alle im Normbereich, und das, obwohl ich jeden Tag drei Eier esse.« Natürlich verzehrte er nicht nur drei Eier, sondern auch viel Gemüse, mit Öl oder Butter zubereitet, und weniger Kohlenhydrate.

Unsere Kunden nahmen mit der LOGI-Ernährung nicht nur besser ab – ohne Kalorienzählen, mit leckerem Essen und ohne Hungerqualen –, sie waren auch insgesamt zufriedener, und ihre Gesundheit verbesserte sich. Diese Erfolge, die wir in der Praxis regelmäßig erlebt haben, sind für uns mindestens so wertvoll wie die geforderte Evidenz aus wissenschaftlichen Studien.

Das erste LOGI-Kochbuch, das 2005 erschienen ist, war als eines der ersten Low-Carb-Kochbücher ein voller Erfolg. 2008 konnten wir den Erfolg mit *Das neue große LOGI-Kochbuch* fortsetzen. Inzwischen sind über zehn Jahre seit Erscheinen der LOGI-Kochbücher vergangen – zehn Jahre, in denen die Wissenschaft nicht stillstand. Um unserem wissenschaftlichen Anspruch gerecht zu werden, war es notwendig, das LOGI-Theorie-Buch von Dr. Nicolai Worm (neu erschienen unter *Die neue LOGI-Diät*) und folglich auch unsere Kochbücher zu überarbeiten und der aktuellen Datenlage anzupassen.

Schwerpunkt beider Bücher ist das Abnehmen. Neu ist, dass wir das klassische LOGI-

Konzept, das ohne Kalorienzählen funktioniert, durch zwei weitere Diät-Ansätze – nämlich Turbo-LOGI und LOGI in Kombination mit einer Formula-Diät – erweitert haben. Damit sich alle Abnehmwilligen auch angesprochen fühlen, haben wir den Titel des Buches von der LOGI-Methode in *Die neue LOGI-Diät* umbenannt – damit wird deutlicher, dass es um die Gewichtsreduktion geht. Im Theoriebuch von Dr. Nicolai Worm, *Die neue LOGI-Diät*, an dem wir erfreulicherweise mitwirken durften, finden Sie ein umfangreiches wissenschaftliches Update der letzten 20 Jahre rund um das Thema Abnehmen und Gewichthalten. Dieses vorliegende LOGI-Diät-Kochbuch soll Ihnen die Umsetzung der neuen LOGI-Diät in der Praxis erleichtern. Es enthält im ersten Teil einen kleinen Wissensteil zur neuen LOGI-Diät. Der größere Part beinhaltet viele praktische und alltagstaugliche Ernährungs- und Bewegungstipps. Zudem halten wir jeweils einen Wochenplan und eine Einkaufsliste für die klassische LOGI-Diät und für Turbo-LOGI für Sie bereit sowie 80 einfache, schnell zuzubereitende und leckere LOGI-Rezepte.

Wir wünschen Ihnen viel Spaß und Erfolg mit der neuen LOGI-Diät.

Franca Mangiameli und Heike Lemberger

DIE NEUE LOGI-DIÄT

Kapitel 1

Die natürliche Reaktion des Körpers auf eine übergewichtfördernde Umwelt

Übergewicht ist ein Phänomen, das erst Anfang der 1980er-Jahre so richtig in Erscheinung getreten ist. Seitdem hat sich das Problem verstärkt, und fettleibige Menschen sind heutzutage nicht mehr die Ausnahme, sondern die Regel. Erst seit wenigen Jahren haben wir die Situation, dass mehr Menschen an Über- als an Unterernährung sterben. Experten rechnen damit, dass 2030 40 Prozent der Weltbevölkerung übergewichtig sein werden.

Eigentlich haben wir unsere komplette Menschheitsgeschichte über mit Nahrungsknappheit zu kämpfen gehabt. Folglich musste unser Körper eine Überlebensstrategie erschaffen, die es ihm ermöglicht hat, sehr effizient mit Energie umzugehen. Nahrungsüberfluss, den wir erst seit 50 Jahren kennen, ist nun eine völlig neue Situation, für die der Körper bisher keine Gegenstrategie entwickelt hat. Er weiß genau, wie er sich vor dem Abnehmen schützen kann, das sehen wir immer wieder an den vielen Menschen, die mit ihrer Diät scheitern und dem Jo-Jo-Effekt zum Opfer fallen. Aber es fehlt ihm an ausgereiften Mechanismen, die ihn vor einer massiven Gewichtszunahme bewahren. Der Körper ist zwar in der Lage, sein »Wohlfühlgewicht« ganz gut zu regulieren, aber nur bis zu einem gewissen Punkt. Wer über Jahre im Energieüberschuss lebt, nimmt irgendwann zu, mit der Folge, dass sich der Körper auf ein neues, höheres Wohlfühlgewicht einpendelt, das anschließend wieder verteidigt wird.

Warum aber haben die Menschen so massiv zugenommen? Was hat sich gegenüber früher verändert? Der technologische Fortschritt hat sicherlich jede Menge Vorteile: Er vereinfacht Arbeitsprozesse und sorgt für viel Komfort in der Freizeit. Aber jeder Fortschritt, der uns körperlich entlastet, belastet auf Dauer unsere Gesundheit, denn wir Menschen sind von Natur aus mit einem Bewegungsapparat ausgestattet. Nutzen wir diesen nicht, müssen unsere Muskeln folglich immer weniger arbeiten, und das hat Konsequenzen: Wir verbrauchen dadurch nicht nur weniger Energie, wir bauen auch Muskeln ab, denn diese kosten beim Nichtstun zu viel Energie. Bis weit in die 70er-Jahre wurde der verminderte Energieverbrauch durch eine geringere Energiezufuhr kompensiert. Danach klaffen jedoch Energieverbrauch und -zufuhr immer weiter auseinander – es wird weniger verbrannt, dafür aber mehr gegessen. Experten sprechen von diesem Wendepunkt auch als »Energy Flipping Point«.«

»Energy Flipping Point«: Als die Energiezufuhr vom Energieverbrauch abgekoppelt wurde

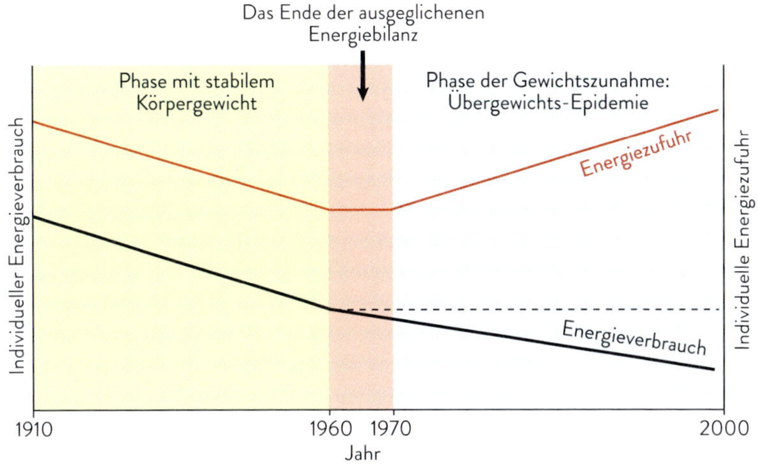

Blüher M. Nat Rev Endocrinol. 2019 May; 15(5): 288-298

Die Folge dieses Missverhältnisses: Wir werden immer dicker. Sicherlich spielen die Gene eine wichtige Rolle bei dieser Entwicklung, aber ihr Einfluss allein kann nicht die explosionsartige Zunahme von Übergewicht erklären. Es ist vielmehr das Zusammenspiel von Genen, Umwelt und individuellem Lebensstil, das eine wesentlich größere Rolle spielt. Der häufig zitierte Satz von Professor George A. Bray, der in der Adipositas-Forschung tätig ist, bringt es auf den Punkt:

»Genes load the gun, but the environment pulls the trigger.« (»Gene laden die Waffe, aber die Umwelt drückt den Abzug.«)

Das bedeutet, dass die Gene wie eine geladene Waffe zu verstehen sind. Allein das Wissen, dass sie geladen ist, bringt jedoch noch keinen um. Erst wenn der Abzug gedrückt wird, wird es gefährlich. Der Abzug ist unsere Umwelt, in der wir leben. Liefern wir uns dieser Umwelt hilflos aus, werden wir wahrscheinlich dick, vor allem wenn wir »schlechte« Gene in uns tragen. Ein klassisches Beispiel sind die australischen Ureinwohner, die gezwungenermaßen unseren westlichen Lebensstil mit wenig Bewegung und viel Junkfood übernommen haben. Die meisten von ihnen sind übergewichtig und haben Diabetes. Schickt man sie jedoch zurück in den Urwald und lässt sie traditionell leben, nehmen sie ab und werden ihre Diabetes los. Das heißt nicht, dass wir nun alle in den Dschungel auswandern müssen, vielmehr sollten wir lernen, uns vor der dick machenden Umwelt zu schützen. Dann haben auch Menschen mit »schlechten« Genen gute Chancen, schlank zu bleiben.

Warum stehen wir auf Junkfood/Fake Food?

Für unsere Vorfahren war es überlebenswichtig, energiereiche Nahrung zu suchen. Eine fette Keule war deutlich begehrter als ein paar kalorienarme Beeren und Kräuter. Diese Präferenz für Kalorienbomben tragen wir heute noch in uns, nur mit dem Unterschied, dass wir sie nicht mehr jagen müssen. Unsere Umwelt ist vollgepackt mit hochkalorischen Essensangeboten – wir haben die Pizza im Gefrierfach, können sie per App direkt zu uns nach Hause bestellen oder gehen einfach ins Restaurant um die Ecke. Essen ist immer und überall verfügbar, 24 Stunden am Tag, sieben Tage pro Woche. Vor allem unser Konsum von stark verarbeiteten Lebensmitteln hat enorm zugenommen. Genau genommen nehmen wir hierzulande fast 50 Prozent unserer täglichen Kalorien in Form von Industriefutter zu uns. Warum aber essen wir Pizza, Burger, Pommes und Co. so gerne? Weil solche Lebensmittel viele Kalorien enthalten und von der Industrie so designt sind, dass wir sie als besonders schmackhaft empfinden. Und weil das alles so lecker ist, wollen wir mehr davon. Dafür sorgt Dopamin, ein Lern-Hormon, das uns zum Wiederholungstäter macht. Unsere Nahrungsaufnahme wird dadurch mehr lustgesteuert und immer weniger durch den Füllungszustand unserer Energietanks reguliert.

Das hat zur Folge, dass wir selbst in Abwesenheit von physiologischem Hunger essen. Folglich nehmen wir mehr Energie auf, als wir benötigen. Die US-Amerikaner konsumieren heutzutage zum Beispiel dank Fake-Food 200 bis 250 Kalorien mehr pro Tag als noch in den 70er-Jahren.

Verarbeitete Lebensmittel enthalten aber auch wenig Ballaststoffe und Protein, wodurch ihre Sättigungswirkung gering ist. Wir haben folglich mehr Hunger und essen mehr, und zwar unabhängig davon, ob es sich um einen veganen Burger handelt oder um die Pizza Salami. Diese ungesunden, unnatürlichen Lebensmittel haben zudem Konsequenzen für unsere Billionen von Darmbewohnern – auch Mikrobiom genannt. Ihre Zusammensetzung ist von der Qualität unserer Nahrung abhängig. Geben wir ihnen keine Ballaststoffe, verhungern die guten, gesundheitsfördernden Arten. Die Vielfältigkeit unseres Mikrobioms nimmt ab, was wiederum mit Übergewicht korreliert. Zudem vermehren sich Bakterienstämme, die Entzündungsstoffe bilden. Diese Substanzen durchdringen die Darmwand, landen im Blutkreislauf, lösen eine systemische Entzündung aus, die wiederum eine Insulinresistenz fördert und im Gehirn sogar die Wirkung des Sättigungshormons Leptin abschwächt. Ein Teufelskreis. Es gibt noch viele andere Faktoren, die an der Entstehung von Übergewicht beteiligt sind. Dazu gehören Schlafmangel, Schichtarbeit, Kunstlicht, ein außer Takt geratener Biorhythmus, fehlende Essenspausen, Einsatz von Weichmachern usw. Ausführlichere Informationen hierzu können Sie im Theoriebuch *Die neue LOGI-Diät (Nicolai Worm, Franca Mangiameli, Heike Lemberger)* nachlesen.

Kapitel 2

Wenn Kohlenhydrate zum Problem werden

Menschen, die viel Sport treiben und körperlich arbeiten, können Brot, Kartoffeln und Nudeln problemlos genießen, solange sie durch ihren aktiven Lebensstil ihre Muskeln und Fettzellen fit halten. Denn das ist Voraussetzung für einen reibungslosen Umgang mit Kohlenhydraten. Wer sich dagegen kaum bewegt, das heißt, einen sitzenden Job hat, in der Freizeit lieber die Füße hochlegt und sich abends auf der Couch Pizza, Pommes und Co. reinschaufelt, der wird mit großer Wahrscheinlichkeit früher oder später ein gewichtiges Gesundheitsproblem bekommen. Wer so lebt, geht die Gefahr ein, seinen Tag immer wieder mit einem Kalorienüberschuss zu beenden – und das Tag für Tag, Monat für Monat, bis der Gürtel weiter geschnallt werden muss. Übergewicht ist für viele jedoch nicht nur ein ästhetisches Problem, es hat auch massive gesundheitliche Folgen. Um dies besser zu verstehen, möchten wir im Folgenden die Zusammenhänge deutlich machen.

Die Kohlenhydrate aus einer Mahlzeit werden nach der Verdauung in Zucker umgewandelt und zunächst in die beiden zuständigen Speicher transportiert – in Leber- und Muskelzellen. Die Speicherform von Glukose nennt sich Glykogen. In die Leber passen etwa 80 bis 100 Gramm und in die Muskeln, je nach Muskelmasse, circa 300 bis 400 Gramm hinein. Das sind umgerechnet 105 bis 135 Gramm Nudeln (Trockengewicht) für die Leber und 400 bis 535 Gramm Nudeln (Trockengewicht) für die Muskulatur. Letzteres klingt erst einmal viel. Da Muskelglykogen aber nur durch sportliche Aktivitäten verbraucht wird, ist der Speicher nach ein paar Tagen Spaghettiessen voll. Wer weiterhin Pasta verzehren möchte, sollte daher erst einmal durch Bewegung bzw. Sport den Speicher leeren, um Platz zu schaffen. Verharren wir jedoch im Sitzmodus und essen trotzdem täglich unseren kohlenhydratreichen Treibstoff, dann läuft der Tank über. Die überschüssige Energie wird schließlich mithilfe des Hormons Insulin in einen Reservetank – das Fettgewebe – umgeleitet. Folglich wachsen die Fettzellen, zwar nicht, bis sie platzen, aber bis sie in Stress geraten und sich entzünden. Wie viel Fett eine Fettzelle speichern kann, bevor sie in Stress gerät, ist genetisch festgelegt. Man muss dafür nicht besonders dick sein (siehe die im Vorwort erwähnten TOFI).

Entzündete Fettzellen machen Probleme, denn sie reagieren immer weniger auf das Insulinsignal, das heißt, sie sind insulinresistent. Ändert man seinen Lebensstil nicht und schaufelt weiterhin Brot, Pommes, Pizza in sich hinein – ohne seinen Bewegungsapparat in Gang zu setzen – dann schaukelt sich das ganze System bis zum nächsten Level. Das heißt: Nach einer kohlenhydratreichen Mahlzeit wird in dieser Situation noch mehr Insulin benötigt, um den Zucker aus dem Blut in die Zellen zu schleusen. Je länger dieser Zustand anhält, desto höher der Insulinbedarf. Es kommt schließlich zu unphysiologisch hohen Insulinspiegeln nach dem Essen – die über Stunden erhöht sind und die Insulinresistenz zusätzlich verstärken. Da die Fettzellen nun randvoll sind, müssen die Kohlenhydrate aus der Mahlzeit woanders gelagert werden – diese wandern nun in die Bauchhöhle. Man erkennt dies am prallen, festen Bauch oder dem bei Männern typischen »Bierbauch«. Das viele im Blut schwimmende Insulin aktiviert zudem Gene, die dafür sorgen, dass in der Leber sehr effektiv aus Kohlenhydraten Fett gebildet wird, und dafür braucht es nicht mal eine positive Energiebilanz. Von der Fettleber, die hierzulande jeden dritten Erwachsenen betrifft, bis zum Typ-2-Diabetes ist es von hier aus nur noch einen Katzensprung entfernt.

Kapitel 3

Die LOGI-Methode – die Antwort auf eine insulinresistente Gesellschaft

LOGI steht für »low glycemic and insulinemic«, das heißt eine Ernährung, die den Fokus auf Lebensmittel legt, deren Konsum einen geringen Insulinbedarf zur Folge hat, also niedrige Blutzucker- und Insulinwerte fördert. Hohe Blutzuckerspiegel lösen Entzündungen in Gefäßen aus, und ständig erhöhte Insulinspiegel fördern bei chronischem Bewegungsmangel die Verfettung des Körpers, vor allem der Organe wie der Leber, und fördern das Risiko für Zivilisationskrankheiten wie Typ-2-Diabetes, Alzheimer und Krebs.

Charakteristisch für die LOGI-Ernährung ist die Reduktion stärkereicher Kohlenhydratquellen wie Brot, Kartoffeln, Nudeln, Reis, Süßigkeiten, Salzgebäck und zuckerreiche Getränke. Damit gehört sie zu den Low-Carb-Diäten. Die Basis der LOGI-konformen Kost sind Gemüse, Pilze, Salate und zuckerarme Früchte, gefolgt von Eiweißlieferanten wie Fisch, Fleisch, Eiern, Hülsenfrüchten und ungezuckerten Milchprodukten. Nicht nur für den guten Geschmack, sondern auch für die Gesundheit dürfen großzügig Fette und Öle wie Olivenöl, Butter, Kokosfett, Avocado sowie Nüsse den Speiseplan bereichern.

Die neue LOGI-Pyramide

Um diese Prinzipien auf einen Blick erkennbar zu machen, haben wir die »neue« LOGI-Pyramide entwickelt. Sie besitzt im Gegensatz zur »alten« LOGI-Pyramide eine mediterrane Ausrichtung, und die Lebensmittel werden nach vier objektiv messbaren, gleichgewichtigen Kriterien eingeordnet:

- Energiedichte
  Die Energiedichte eines Lebensmittels oder einer Mahlzeit wird definiert als Kalorienmenge pro 100 g Nahrung. Liegt diese unter 125 kcal/100g, spricht man von einer niedrigen Energiedichte. Das ist erwünscht. Bei einem Wert zwischen 125 und 249 kcal/100 g liegt die Energiedichte im mittleren und ab 250 kcal/100 g im hohen Bereich. Je wasserreicher ein Lebensmittel, desto niedriger die Energiedichte.

- Kohlenhydratmenge
  Die Kohlenhydratmenge eines Lebensmittels oder einer Mahlzeit hat einen großen Einfluss auf die Blutzucker- und Insulinreaktion nach dem Essen. Lebensmittel mit einem niedrigen Kohlenhydratgehalt (unter 12 g/100 g Lebensmittel) sind daher eher unten auf der Pyramide zu finden, jene mit einem Kohlenhydratgehalt zwischen 12 g und 18 g/100 g Lebensmittel sind im mittleren Pyramidenbereich und ein Lebensmittel mit über 18 g Kohlenhydraten /100 g landet im oberen Bereich bis hin zur Spitze.

- Nährstoffdichte
  Sie sagt aus, wie viele Nährstoffe pro 100 kcal in einem Nahrungsmittel enthalten sind. Je höher die Nährstoffdichte eines Lebensmittels pro 100 kcal ist, desto wahrscheinlicher finden Sie es auf der Basis oder der ersten Stufe der Pyramide. Je »leerer« die Kalorien sind (und je mehr Zusatzstoffe sie enthalten), desto höher wird es auf der Pyramide platziert.

- Verarbeitungsgrad
  Je stärker ein Lebensmittel verarbeitet ist, desto ungünstiger wirkt sich dies auf die Hunger- und Sättigungsregulation und auf die Gesundheit aus, und desto weiter oben ist es auf der Pyramide zu finden.

Die neue LOGI-Pyramide

Die Basis: Wasser- und ballaststoffreiche natürliche Lebensmittel mit vielen Nährstoffen und wenig Kohlenhydraten wie Gemüse, Salat, Pilze und zuckerarmes Obst gehören großzügig zu jeder Mahlzeit.

Beispiele: Paprika, Auberginen, Brokkoli, Tomaten, Champignons, Salate, Beeren, Apfel, Zitrusfrüchte und Wassermelonen. Sie enthalten wenige blutzuckerwirksame Kohlenhydrate.

Stufe 1: Auf dieser Stufe finden Sie wertvolle Eiweißlieferanten mit einer niedrigen bis mittleren Energiedichte und wenige bis keine Kohlenhydrate. Drei Portionen naturbelassene Milchprodukte pro Tag sowie dreimal pro Woche Fisch sind empfehlenswert. Eier und unterschiedliche, möglichst wenig verarbeitete Fleischsorten und Geflügel sind ebenso wertvolle Eiweißlieferanten.

Beispiele: Sauermilchprodukte (Joghurt, Buttermilch, Quark), Milch, Eier, fette und magere Fische, Meeresfrüchte, rotes Fleisch und Geflügel.

Stufe 2: Auf der zweiten Pyramidenstufe sind nährstoffreiche Lebensmittel mit einer niedrigen bis hohen Energiedichte, mit relativ geringen oder moderaten Kohlenhydratmengen und einer geringen bis moderaten Blutzuckerwirkung versammelt. Zudem liefern sie Eiweiß und gute Fettsäuren. Vertreter dieser Gruppe sind: Käse, Nüsse, Avocados und Oliven. Auch Hülsenfrüchte und zuckerreicheres Obst wie Bananen und Trauben haben hier ihren Platz.

Stufe 3: Lebensmittel auf dieser Stufe haben einen mittleren bis hohen Kohlenhydratgehalt. Ihre Blutzucker- und Insulinwirkung ist mittel bis stark, und das hängt vor allem von der verzehrten Menge ab. Die meisten liefern viele Ballaststoffe. Ihr Verarbeitungsgrad und die Energiedichte variieren. Vor allem trockene Lebensmittel wie Brot, Müsli oder Trockenobst, haben aufgrund ihres geringen Wassergehalts eine hohe Energiedichte und sollten daher in der Abspeckphase seltener auf den Teller kommen.

Vertreter dieser Stufe sind: Kartoffeln, Süßkartoffeln, Mais, Haferflocken, Trockenfrüchte, Vollkornprodukte (z. B. Vollkornnudeln, Vollkornbrot).

Stufe 4: Diese stark verarbeiteten Lebensmittel sollten noch seltener verzehrt werden, da sie sehr kalorienreich sind, kaum Nährstoffe liefern, meist viele Kohlenhydrate enthalten und folglich starke Blutzucker- und Insulinreaktionen fördern.

Typische Vertreter: Pizza, Pommes frites, Weißbrot, Nudeln aus Weißmehl, weißer Reis, Schokolade, Kuchen.

Pyramidenspitze: Zucker und andere kalorienhaltige Süßungsmittel sollten nur sehr sparsam und gezielt verwendet werden. Sie liefern keine Nährstoffe, viel Energie und lösen starke Blutzucker- und Insulinreaktionen aus.

Beispiele: Brauner und weißer Zucker, Sirup, Honig.

Außerhalb der Pyramide:

Da Fette und Öle wenig Volumen, aber viel Energie besitzen, würden sie fälschlicherweise weit oben auf der Pyramide landen. Deswegen haben wir uns entschieden, dieser Gruppe eine Extra-Position außerhalb der Pyramide zu geben. Sie gehören zu jeder Mahlzeit und können im Rahmen der klassischen LOGI-Ernährung großzügig eingesetzt werden (siehe Tellermodell S. 34). Verwenden Sie bevorzugt Olivenöl, Butter, Butterschmalz und Kokosöl. Meiden Sie jedoch hochverarbeitete, raffinierte Pflanzenfette und -öle wie Margarine, Sonnenblumenöl, Distelöl, Rapsöl etc.

Fette und Öle stehen außerhalb der Pyramide und kommen zusätzlich pro Mahlzeit hinzu. Besonders empfehlenswert sind Olivenöl, Butter, Butterschmalz und Kokosöl.

Von dieser LOGIschen Ernährung profitieren vor allem Menschen mit Insulinresistenz (IR), das betrifft 95 Prozent aller Übergewichtigen, aber auch 20 Prozent der Schlanken (die bereits erwähnten TOFIs – »thin outside, fat inside«, also: äußerlich schlank, innen fett) betrifft. Insulinresistenz ist eine Kohlenhydratstoffwechselstörung, die einerseits durch einen ungesunden Lebensstil mit Bewegungsmangel, Überernährung, Schlafdefizit, Stress, Fehlbesiedlung des Darms sowie Sonnenlichtmangel entsteht und andererseits durch unveränderbare Faktoren wie das fortgeschrittene Alter und genetische Besonderheiten, zum Beispiel die Unfähigkeit, Fett im Unterhautfettgewebe zu speichern, gefördert wird. Ausgehend von der IR ist der Weg zu anderen Erkrankungen wie Fettleber, Metabolischem Syndrom, Diabetes etc. nicht mehr weit. Die gute Nachricht: Es gibt einen Weg zurück – und der heißt LOGI. Durch Abspecken, am besten in Verbindung mit mehr Bewegung, allen voran Krafttraining, kann die Insulinsensitivität und damit die Fähigkeit, Kohlenhydrate problemlos zu verwerten, wiederhergestellt werden. Aber selbst ohne ein Gramm abzunehmen, können mithilfe von LOGI die gefährlichen Folgen der Insulinresistenz – die krankhaft hohen Insulinspiegel im Blut – vermieden werden. Noch effektiver wirkt sich LOGI auf die Insulinwirksamkeit und die Gesundheit aus, wenn gleichzeitig mit dieser Methode abgespeckt wird. Aus diesem Grund haben wir die neue LOGI-Methode entwickelt, die sich speziell an Menschen richtet, die Gewicht verlieren wollen oder aufgrund einer Insulinresistenz Körperfett abbauen müssen.

LOGI – ein Muss bei Insulinresistenz

Wenn eine Insulinresistenz vorliegt, dann ist die LOGI-Ernährung ein Muss. Doch wie kann ich feststellen, ob ich insulinresistent bin? Bereits mit einer einfachen Bestimmung des Nüchtern-Insulinspiegels im Blut kann der Hausarzt dies prüfen. Ab einem Insulinwert über 10,7 mU/ml ist man mit hoher Wahrscheinlichkeit insulinresistent. Für eine etwas konkretere Schätzung berechnet man den sogenannten HOMA-Index. Hier werden Nüchtern-Blutzucker und Nüchtern-Insulinwert nach zwölfstündiger Nahrungskarenz über eine Formel in Beziehung gesetzt. Ein HOMA-Index-Wert von unter 2,5 deutet auf eine (noch) normale Insulinsensitivität hin. Hingegen spricht beispielsweise ein Wert von 6 für eine schwere Insulinresistenz. Dieser Wert sagt aus, dass die Bauchspeicheldrüse für die gleiche Menge zugeführten Traubenzuckers etwa sechsmal so viel Insulin produzieren muss wie bei Insulinsensitiven.

Auch die Bestimmung des Verhältnisses der Blutfettwerte, genauer von Triglyceriden (TG) zum HDL-Cholesterin (TG/HDL), ist eine recht aussagekräftige und dabei einfache Methode. Liegt das TG/HDL-Verhältnis bei Frauen über 2,5 und bei Männern über 3,5, dann muss mit hoher Wahrscheinlichkeit von einer Insulinresistenz ausgegangen werden.

Liegen keine Blutwerte vor? Mit unserem IR-Check können Sie herausfinden, ob Sie bestimmte Faktoren aufweisen, die mit einer Insulinresistenz korrelieren. Je mehr Faktoren auf

Sie zutreffen, desto größer ist die Wahrscheinlichkeit, dass eine Insulinresistenz besteht. Wir empfehlen Ihnen dann, die LOGI-Ernährung auf jeden Fall umzusetzen, um Ihre Insulinsensitivität zu steigern oder eine bestehende Insulinresistenz zu durchbrechen.

Der IR-Check

Die unten aufgelisteten Faktoren können eine Insulinresistenz fördern. Je mehr Faktoren zusammenkommen, desto größer ist die Wahrscheinlichkeit, dass Sie an einer Insulinresistenz leiden.

a) Äußere Merkmale:

- ☐ Haben Sie bauchbetontes Übergewicht?
- ☐ Merkmale bei Schlanken: fliehender Hintern, staksige Beine, keine Hüften und Bauchansatz.
- ☐ Liegt Ihr Bauchumfang > 80 cm (bei Frauen) bzw. > 94 cm (bei Männern)?
- ☐ Haben Sie braun-schwarze Flecken/Wucherungen (Pigmentstörungen/Acanthosis nigricans) am Körper?
- ☐ Leiden Sie unter Akne?

b) Lebensstil:

- ☐ Rauchen Sie?
- ☐ Treiben Sie kaum oder keinen Sport?
- ☐ Bewegen Sie sich kaum im Alltag (Beruf und Freizeit)?
- ☐ Schlafen Sie weniger als sieben Stunden?
- ☐ Haben Sie chronischen Stress: auf/bei der Arbeit, Trennung, Kummer und Überbelastung)?

c) Erkrankungen:

- ☐ Leiden Sie an einer Schilddrüsenunterfunktion wie Hashimoto?
- ☐ Frauen: Haben Sie einen unerfüllten Kinderwunsch?
- ☐ Frauen: Leiden Sie an PCOS (Polyzystisches Ovarial-Syndrom)?
- ☐ Männer: Leiden Sie an Erektionsstörungen?
- ☐ Gibt es/gab es in Ihrer Familie Erkrankungen wie Typ-2-Diabetes, Alzheimer, Fettleber u. a. ?

Je mehr Fragen Sie mit Ja beantworten, desto größer ist die Wahrscheinlichkeit, dass bei Ihnen eine Insulinresistenz vorliegt.

Kapitel 4

Die LOGI-Methode – das Erfolgskonzept

Die ursprüngliche LOGI-Methode ist eine ad libitum geführte Ernährungsweise, das heißt, Sie essen nach Belieben, ohne Kalorien zu zählen und ohne bewusste Kalorieneinschränkung. Dennoch nehmen Sie mit LOGI ab. Auswertungen von Ernährungsprotokollen aus unserer Praxis, aber auch Ergebnisse aus Studien zeigen immer wieder, dass man sich bei Low-Carb-Diäten, ohne akribisches Berechnen von Kalorien, Abwiegen und Abmessen von Lebensmitteln, zwischen 1400 bis 1800 Kilokalorien pro Tag einpendelt und damit ein mehr oder weniger großes Kaloriendefizit erreicht und folglich abnimmt. Damit dies funktioniert, werden einige grundlegende Prinzipien beachtet.

Eine clevere Sättigung

LOGI vereint die wichtigsten Sattmacher auf Ihrem Teller: Ballaststoffe, Eiweiß und ein großes Nahrungsvolumen sorgen für eine gute Sättigung und lang anhaltende Sattheit. Sie essen somit automatisch weniger und brauchen auch keine Snacks mehr zwischendurch.

Natürlichkeit und Geschmack

Die Ernährung nach den LOGI-Prinzipien setzt auf natürliche bzw. gering verarbeitete Lebensmittel (siehe dazu auch die mediter-

rane Low-Carb-Pyramide auf S. 20 und in der vorderen Buchklappe). Sie vereint dabei die gesundheitsfördernden Effekte der mediterranen (viel Olivenöl, Kräuter, Gemüse) und asiatischen Küche (Kokosnuss, Gewürze wie Kurkuma, Ingwer, grüner Tee). Ein LOGIsches Essen ist immer lecker, denn hochwertige Fette und Öle als Geschmacksträger kommen großzügig zum Einsatz.

Einfache Umsetzung

Wenn Sie sich nach den LOGI-Vorgaben ernähren wollen, ist dies einfach und überall umzusetzen – dazu noch ganz ohne Kalorienzählen. Somit erhöht sich die Chance, dass Sie diese Ernährungsform gut durchhalten, sie eignet sich zudem auch bestens als Dauerernährung.

Bessere Insulinsensitivität

Mit maximal 130 Gramm Kohlenhydraten pro Tag entlastet die LOGI-Ernährung den Stoffwechsel von insulinresistenten Menschen. Durch den gezielten Fettabbau am Bauch (Unterhautfett), in der Bauchhöhle (viscerales Fett oder Eingeweidenfett) sowie in den Organen wird die Insulinsensitivität wieder gesteigert, womit sich die Gesundheit verbessert.

Muskelerhalt

Bei klassischen kalorienreduzierten Diäten, die zudem noch wenig Eiweiß liefern und über einen längeren Zeitraum durchgeführt werden, wird in aller Regel auch Muskelmasse abgebaut. Das ist jedoch ungünstig, da weniger Muskelmasse zu einem stärkeren Absinken des Energieverbrauchs führt und die Insulinsensitivität verschlechtert. Die LOGI-Diät sieht eine eiweißbetonte Ernährung vor, die diese Lücke schließt.

Kapitel 5

Die neue LOGI-Methode ist ein »Abspeck-Ratgeber«

67 Prozent der Männer und 52 Prozent der Frauen hierzulande wiegen zu viel. Die allermeisten von ihnen sind mit großer Wahrscheinlichkeit insulinresistent. Deswegen liegt der Fokus der neuen LOGI-Methode auf dem »Abspecken« und der damit verbundenen Wiederherstellung der Insulinsensitivität. Wir verwenden bewusst den Begriff »abspecken«, weil dieser genau beschreibt, was Übergewichtige, aber auch »fette« Schlanke (TOFI) loswerden wollen und sollten – ihren Speck, und zwar den am Bauch, vor allem aber im Bauch und in den Organen. Der Begriff Abnehmen dagegen ist etwas weiter gefasst. Abnehmen kann man im Rahmen einer Diät alles Mögliche: Fett, Wasser, Muskelmasse, Knochen und manchmal sogar den Verstand. Das meiste davon ist allerdings nicht erstrebenswert.

Dr. Nicolai Worm beschreibt im Theoriebuch *Die neue LOGI-Diät* ausführlich die besten wissenschaftlich belegten Wege zum Abnehmen und zur anschließenden Gewichtskontrolle. Die neue LOGI-Methode integriert die empfohlenen Ansätze zu einem optimalen Gesamtkonzept, das den größtmöglichen Erfolg verspricht. Diese Wege wollen wir hier kurz vorstellen. Neben der klassischen und altbewährten ad libitum durchgeführten LOGI-Ernährung, also ohne Kalorieneinschränkung, haben wir aufgrund der wissenschaftlichen Datenlage zwei weitere Abspeckvarianten erarbeitet:

- LOGI klassisch – die Ad-libitum-Variante
- Turbo-LOGI – der kalorienbilanzierte Start
- Formula plus LOGI

Die neue LOGI-Methode

Die neue LOGI-Methode ist ein reiner »Abspeck-Ratgeber«, der sich an Übergewichtige, aber auch TOFIs richtet, die ihr Fett loswerden wollen oder müssen, um ihre Insulinsensitivität wiederherzustellen.

LOGI klassisch – die Ad-libitum-Variante

Wer keine Lust hat, Kalorien zu zählen, sein Essen abzuwiegen und abzumessen, oder wer ständig außer Haus isst, der fährt am besten mit der klassischen LOGI-Variante. Als Orientierungshilfe für Ihre Ernährung können Sie die mediterrane Low-Carb-Pyramide (S. 20 und in der vorderen Buchklappe) verwenden, das noch praxistauglichere Tellermodell (S. 4) nutzen oder einfach unsere Rezepte nachkochen.

Das Tellermodell zeigt Ihnen, in welchem Verhältnis die einzelnen Lebensmittelbausteine auf Ihrem Teller verteilt sein sollten, um:

- eine optimale Sättigung und lang anhaltende Sattheit,
- eine geringe Energiedichte
- und eine optimale Nährstoffdichte

pro Mahlzeit zu erreichen.

Viele Nährstoffe, Wasser und wenig Energie

Nicht die Kalorien lösen das Sättigungssignal beim Essen aus, sondern primär die Nahrungsmenge, die wir zu uns nehmen. Ist der Magen voll – das passiert bei etwa 500 Gramm Nahrung – wird weniger Hungerhormon Ghrelin produziert. Das Gehirn verarbeitet diese Information und löst nach etwa 20 Minuten das Gefühl »Sättigung« aus. Beachten Sie die LOGI-Vorgaben, erreichen Sie eine starke Magendehnung mit wenig Kalorien und vielen Nährstoffen – das ist ideal, wenn Sie ohne zu hungern abspecken möchten.

Deshalb lautet eine wichtige Grundregel bei LOGI: Essen Sie wasserreich!

Das heißt, die Hälfte Ihres Magens, sprich 250 bis 350 Gramm, sollten Sie mit wasserreichen, energiearmen Lebensmitteln füllen. Hierzu zählen vor allem Gemüse, Salate, Pilze, Beeren bzw. zuckerärmere Früchte. Frisches Gemüse und Salat enthalten 90 bis 95 Prozent Wasser und deshalb durchschnittlich nur zehn bis 15 Kilokalorien pro 100 Gramm, bei Pilzen verhält es sich ähnlich. Zuckerarme Früchte liegen bei 80 bis 90 Prozent Wasseranteil. Aber auch mageres Fleisch, Fisch oder Geflügel bestehen zu 70 bis 80 Prozent aus Wasser und liefern deshalb auch nur 100 bis 120 Kilokalorien pro 100 Gramm. Zum Vergleich: In 100 Gramm Brot stecken gerade mal 44 Prozent Wasser und fast 200 Kilokalorien. Beim Knäckebrot ist der Wassergehalt auf 10 Prozent verdunstet. Der Energiegehalt liegt bei 450 Kilokalorien pro 100 Gramm. Wer sich also mit Brot satt essen möchte, nimmt automatisch viel mehr Energie auf und verschiebt damit seine Energiebilanz schneller in den positiven Bereich.

Eiweiß – Sattmacher, Fatburner und Muskelschoner

Eiweiße, auch Proteine genannt, stecken in Eiern, Fisch, Fleisch, Geflügel, Hülsenfrüchten, Nüssen, Milch und Milchprodukten sowie in Käse. Proteine sorgen dafür, dass Sie mehrere Stunden satt sind, indem sie nach Verzehr in den Zellen der Darmwand die Ausschüttung von Sattheitssignalen auslösen. Idealerweise sollte jede Mahlzeit 20 bis 30 Gramm Eiweiß enthalten. In der folgenden Tabelle können Sie erkennen, wie viel Sie von einem Lebensmittel essen müssen, um 25 Gramm Protein aufzunehmen.

Eine proteinreiche Mahlzeit bewirkt überdies, dass der Energieverbrauch um 150 bis 200 Kilokalorien pro Tag ansteigt. Das liegt daran, dass der Körper viel Energie für die Verdauung und Verstoffwechslung der Proteine aufwenden muss. Hinzu kommt, dass ein hoher Proteinanteil bei negativer Energiebilanz den Abbau von Muskelmasse hemmt bzw. in Kombination mit Krafttraining nicht nur verhindert, sondern sogar den Aufbau fördert. Das alles hilft dabei, ohne zu hungern Gewicht zu verlieren und die Körperzusammensetzung positiv zu beeinflussen.

Lebensmittel	25 g Protein stecken in
Eier	3–4 Stück
Mageres Fleisch z. B. Steak, Filet, Schnitzel, Roastbeef, Kotelett	125 g
Geflügel z. B. Hähnchen, Ente, Gans, Pute	125 g
Aufschnitt z. B. Schinken ohne Fettrand, Bresaola, Prosciutto, Chorizo, Parmaschinken	75–125 g
Fisch z. B. Lachs, Thunfisch, Sardine, Seezunge, Dorade	130 g
Meeresfrüchte z. B. Krabben, Garnelen, Krebse	135 g
Käse, Milch und Milchprodukte	
Provolone, Gruyère, Gorgonzola, Manchego	90–125 g
Comté, Parmesan	80–90 g
Mozzarella, Feta	150 g
Milch, Joghurt, Dickmilch, Kefir	640–750 ml
Quark und Hüttenkäse	185–200 g
Nüsse, Kerne, Samen	
Mandeln, Pistazien, Haselnüsse, Paranüsse	105–145 g
Kürbiskerne, Leinsamen, Sonnenblumenkerne	70–115 g
Cashewkerne, Erdnüsse	85–120 g
Hülsenfrüchte (gekocht, Glas, Dose) z. B. Erbsen, weiße Bohnen, Kichererbsen, Linsen	310–500 g

Ballaststoffe – Abspeckhelfer mit mehrfachem Effekt

Ballaststoffe sind für uns Menschen unverdauliche Nahrungsbestandteile, die den im Dickdarm lebenden wichtigen Bakterien, auch Mikrobiom genannt, als Futterquelle dienen. Eine ballaststoffreiche Ernährung kann Ihnen auf mehreren Wegen beim Abspecken behilflich sein:

- Ballaststoffe kann man sich wie ein Schwamm vorstellen. Sie sind in der Lage, sich mit Wasser vollzusaugen, wodurch sie das Nahrungsvolumen vergrößern. Der Magen wird dadurch ohne zusätzliche Kalorien gefüllt und gedehnt und sendet folglich Sättigungssignale an das Gehirn.
- Ballaststoffe bewirken eine längere Verweildauer des Speisebreis im Magen und fördern damit Sättigung und Sattheit

- Ballaststoffreiche Lebensmittel verzögern und mindern die Zuckeraufnahme ins Blut und damit den Blutzuckeranstieg und senken den Insulinbedarf – dadurch erleben Sie keine Achterbahnfahrt Ihres Blutzuckers, was wiederum Heißhungerattacken vorbeugt.

- Manche Ballaststoffe hemmen sogar die enzymatische Aufspaltung und Aufnahme von Fetten, Proteinen und Kohlenhydraten im oberen Dünndarm und helfen Ihnen damit beim Kaloriensparen.

- Ballaststoffe können die Ausschüttung von speziellen Hormonen Ihres Darmtrakts verstärken, die als Sättigungssignal fungieren.

- Lösliche Ballaststoffe, die in Gemüse, Salaten und Obst stecken, werden von Bakterien des Dickdarms fermentiert. Dabei entstehen kurzkettige Fettsäuren, die zwar zum Teil von Ihrer Darmschleimhaut aufgenommen und in der Leber als Energiequelle verwerten werden, die aber auch über Ihr Blut ins Zentralnervensystem gelangen und dort Sättigungssignale auslösen.

In diesen Lebensmitteln stecken Ballaststoffe

Lebensmittel	Ballaststoffe in g/100 g	Ballaststoffe in g/Portion in g
Gemüse (besonders ballaststoffreich sind Kohlgemüse, Paprika, Fenchel, Karotten)	1,5–4	3–8 / 200 g
Pilze	2–7	4–14 / 200 g
Bohnen	2–5	4–10 / 200 g
Hülsenfrüchte wie Kichererbsen, Linsen, Erbsen (gegart)	4–8	6–12 / 150 g
Obst	1–3	1,5–4,5 / 150 g
Beerenfrüchte	5–7	7,5–10,5 / 150 g
Trockenobst	5–11	1,2–2,8 / 25 g
Nüsse, Samen, Kerne	6–11	3–5,5 / 50 g
Kokosraspel	20	10 / 50 g
Avocado	4	6 / 125 g
Oliven	3–5	1,5–2,5 / 50 g
Vollkornnudeln (ungegart)	11	5,5 / 50 g
Hirse (ungegart)	3,8	1,9 / 50 g
Haferflocken	10	3 / 30 g
Haferkleie	11–15	1,1–1,5 / 10 g
Weizenkleie	45	2,2 / 5 g
Pumpernickel	8,7	4,3 / 50 g
Vollkornbrot	6–12	3–6 / 50 g
Kartoffeln	2,3	3,5 / 150 g

Mehr Fett, mehr Geschmack, mehr Durchhaltevermögen

Fettreichere Speisen bewirken nicht nur eine längere Magenverweildauer, sondern liefern auch Geschmacks- und Aromastoffe. Dadurch schmeckt ein Essen mit Fett nicht nur besser, es sättigt auch länger und es befriedigt mehr. Einen Kalorienüberschuss müssen Sie nicht befürchten, denn der hohe Wassergehalt Ihrer LOGIschen Mahlzeit »verdünnt« sozusagen die Fettkalorien. Unsere LOGI-Grundregel lautet: Verfeinern Sie Ihre Mahlzeiten großzügig mit gesunden, hochwertigen Fetten wie Olivenöl, Kokosöl oder Butter. Auch bei Milchprodukten müssen Sie nicht auf fettarme oder entrahmte Produkte zurückgreifen. Genießen Sie gerne die Vollfettvariante. Das ist nicht nur natürlicher, sondern schmeckt, befriedigt und sättigt besser.

Hungermachendes Fake Food reduzieren

Damit Sie sich lange satt fühlen, sollten Sie nicht nur Sattmacher essen, sondern auch Hungermacher reduzieren. Dazu zählen vor allem die industriell verarbeiteten Lebensmittel, die viel raffinierte Stärke und/oder Zucker, meistens zusammen mit minderwertigen Fetten enthalten. Fake Food fehlt es nicht nur an darmgesunden Ballaststoffen und wichtigen Nährstoffen, es enthält oft auch wenig sattmachendes Protein, liefert eine hohe glykämische Last und viele Kalorien – alles Faktoren, die einerseits die Sättigungswirkung einer Mahlzeit herabsetzen, aber andererseits das Belohnungszentrum aktivieren. Werden wir nicht satt, essen wir einfach mehr davon, vermutlich auch, um unseren Bedarf an Eiweiß, essenziellen Vitaminen und Mineralstoffen zu decken.

Immer mehr Forschungsergebnisse belegen, dass Fake Food unsere Darmbewohner aus dem Gleichgewicht wirft und solche Bakterienstämme fördert, die Entzündungsstoffe absondern, die wiederum die Darmdurchlässigkeit erhöhen. So gelangen diese Entzündungsstoffe über den Blutkreislauf ins Gehirn und können dort die Sättigungssignale abschwächen. Ein Teufelskreis!

Deswegen empfehlen wir, industrielle Fette und hochverarbeitete Kohlenhydratquellen wie Pizza, Baguette, Sandwiches, Brezeln, Kekse, Müsli-Riegel etc., die leider an jeder Ecke auf Käufer warten, zu vermeiden. Je mehr man davon isst und je raffinierter und zuckerreicher die Produkte sind, desto rascher steigt der Zuckerspiegel im Blut und desto mehr Insulin wird ausgeschüttet. Solange viel Insulin im Blut kreist, wird immer die Fettspeicherung gefördert. Je insulinresistenter man ist, desto höher wird die Insulinkonzentration im Blut sein. Bei Menschen mit einer Fettleber verstärkt sich dieses Problem noch mehr, da diese das kreisende Insulin nicht mehr effektiv abbauen kann. So fördert eine Fettleber zusätzlich noch den fettspeichernden Effekt dieser hungermachenden Nahrung. Inzwischen haben circa 40 Prozent der Erwachsenen in Deutschland eine nicht alkoholische Fettleber!

LOGI heißt Real Food

LOGI setzt auf echte und möglichst naturbelassene Nahrungsmittel, denn jeder Verarbeitungsschritt raubt dem natürlichen Lebensmittel wichtige Komponenten wie Ballaststoffe und sekundäre Pflanzenstoffe, die viele positive Effekte auf die Gesundheit haben und das Abnehmen unterstützen. Je kürzer die Zutatenliste eines Lebensmittels ist, desto besser.

Kohlenhydrate – weniger ist mehr

Kohlenhydrate (vor allem Stärke und Zucker) sind für Menschen mit Fettleibigkeit, geringer Muskelaktivität und Insulinresistenz (und oft auch bereits bestehender Fettleber) sehr problematisch, weil sie den ohnehin schon gestörten Zuckerstoffwechsel belasten.

Wenn dann auch noch ein bewegungsarmer Lebensstil praktiziert wird, können Kohlenhydrate auf zwei Wegen Übergewicht fördern: Erstens erhöhen sie den Blutzucker- und Insulinspiegel, was wiederum jene Gene aktiviert, die eine Fettneubildung aus Kohlenhydraten bewirken. Zweitens folgt auf stärke- und zuckerreiche Speisen über die hohe Insulinausschüttung auch nach etwa zwei Stunden ein rascher und oft übermäßiger Abfall des Blutzuckers, wodurch die nächste Hungerattacke ausgelöst wird.

Weniger Kohlenhydrate heißt aber nicht kompletter Verzicht. Sie dürfen weiterhin auch Brot, Kartoffeln, Nudeln essen, aber nicht als klassische Sättigungsbeilage, die mengenmäßig den halben Teller einnimmt. In Zukunft sollten Sie diese Dinge eher als »Luxusbeilagen« betrachten. Günstig ist es zum Beispiel, zwei kleine Kartoffeln, zwei bis drei Esslöffel gekochten Reis, eine Scheibe Vollkornbrot mit reichlich Gemüse und Eiweiß zu kombinieren. Achten Sie besonders darauf, stärkehaltige Lebensmittel zu bevorzugen, die weniger verarbeitet sind, das heißt: Vollkornbrot statt Weißbrot und Pellkartoffeln statt Pommes. Die Tabelle zeigt Ihnen den Kohlenhydratgehalt einiger Lebensmittel.

Kohlenhydratgehalt von Lebensmitteln

pro 100 g	Lebensmittel
0–1 g	• Fleisch, Aufschnitt, Fisch und Meerestiere • Eier • Käse • Olivenöl, Butter, Schmalz, Kokosfett
1,1–10 g	• Gemüse, Salat, Pilze • Erbsen, grüne Bohnen (Konserve) • Milch, Milchprodukte • Avocados, Beeren, Melonen, Papayas, Zitrusfrüchte • Erdnüsse, Macadamianüsse, Mandeln, Paranüsse, Pecannüsse, Sesam, Leinsamen, Kürbiskerne • Oliven
10,1–20 g	• Äpfel, Bananen, Kirschen, Kakis, Weintrauben • Haselnüsse, Pistazien, Sonnenblumenkerne, Walnüsse • Kartoffeln, Pastinaken • Mais (Konserve) • Hülsenfrüchte (Konserve), z. B. weiße Bohnen, Kichererbsen, Linsen
21,1–40 g	• Cashewkerne • Süßkartoffeln
40,1–50,0 g	• Vollkornbrot und -brötchen
>50,1 g	• Getreide (ungekocht), z. B. Couscous, Hirse, Pasta, Reis, Haferflocken, Baguette

Zuckerarme Obstsorten (bis 12 g Kohlenhydrate auf 100 g)

Obstsorte	Kohlenhydratgehalt in g/100 g
Beeren	ca. 6
Papayas	ca. 7
Wassermelonen	ca. 8
Aprikosen	ca. 9
Zwetschgen	ca. 9
Pfirsiche	ca. 9
Grapefruits, Clementinen, Orangen, Pampelmusen, Mandarinen	ca. 10
Kiwis	ca. 9
Äpfel	ca. 11
Honigmelonen, Mangos, Birnen, Ananas	ca. 12

Zuckerreiche Obstsorten (über 12 g Kohlenhydrate auf 100 g)

Obstsorte	Kohlenhydratgehalt in g/100 g
Feigen	ca. 13
Kirschen	ca. 13
Mirabellen	ca. 14
Weintrauben	ca. 15
Kakis	ca. 16
Granatäpfel	ca. 16
Bananen	ca. 20

Obst ist gesund, und zwei Portionen (eine Portion = eine Handvoll) pro Tag sind durchaus empfehlenswert. Dennoch sollten Sie auch hier auf die Kohlenhydratmenge achten und zuckerarme Früchte wie Beeren, Zitrusfrüchte oder Wassermelone bevorzugen.

Auch bei Getränken gilt: Augen auf! Trinken Sie möglichst zucker- und kalorienfrei!

Der gesunde Saft zum Frühstück und der leckere Smoothie als Snack können Ihre Kohlenhydrat- und Energiezufuhr mächtig erhöhen. Zudem haben Säfte, Smoothies und Softgetränke keinen sättigenden Effekt, im Gegenteil, sie können sogar Appetit erzeugen, wodurch die Gefahr besteht, mehr zu essen.

Kohlenhydratgehalt von Getränken

Getränk	pro 100 ml	Portion in ml	Kohlenhydrate in g/Portion
Wein	2–4	200	4–8
Saftschorlen	3–5	200	6–10
Wellnesswasser	4	330	13
Bier	3	500	15
Alkoholfreies Bier	5	330	16,5
Fermentierte Limonade	5–8	330	16,5–26,5
Fruchtsäfte	9–13	200	18–26
Softgetränke, z. B. Fanta, Cola	10	200	20
Eistee	6–8	330	20–26,5
Smoothies	12–14	200	24–28
Bier mit Limonade	5	500	25
Sportgetränke	6–8	500	30–40
Malzbier	11	330	33

Intervallfasten integrieren

LOGI klassisch können Sie als 3-Mahlzeiten-Prinzip mit Frühstück, Mittag- und Abendessen durchführen oder auch zur Stoffwechseloptimierung als Intervallfasten umsetzen, das heißt, Sie essen Ihre Mahlzeiten nur in einem bestimmten Zeitfenster, zum Beispiel von 10 bis 18 Uhr, und die restlichen 16 Stunden machen Sie eine Esspause – das heißt, Sie fasten. In dieser Zeit trinken Sie nur Wasser, Tee und Kaffee ohne Milch und Zucker. Sie können das Essensfenster aber auch ganz flexibel und passend nach Ihrem Chronotyp wählen. Ein Frühaufsteher profitiert eher von einem Essensfenster von 8 bis 16 Uhr, die »Eule« kommt besser klar, wenn sie von 12 bis 20 Uhr isst. Essen Sie aber auf jeden Fall nicht zu spät. Die letzte Mahlzeit sollte zwei bis drei Stunden bevor Sie schlafen gehen erfolgen. Das Intervallfasten kann wie ein zusätzlicher Booster in Sachen Abspecken wirken. Für viele Menschen ist es zum einen einfacher, gar nichts zu essen als nur ein bisschen hiervon oder davon. Zum anderen ist das Essensfenster von sechs bis acht Stunden so kurz, dass häufig nur zwei Mahlzeiten gebraucht werden. Dadurch essen die allermeisten insgesamt weniger.

Metabolische Flexibilität trainieren!

Intervallfasten hat viele positive Effekte auf den Kohlenhydratstoffwechsel. Die begrenzte Essenszeit verstärkt die positive Wirkung der LOGI-Ernährung auf den Insulinspiegel und die Insulinsensitivität. Wenn Sie mindestens 16 Stunden keine Nahrung aufnehmen, haben Sie gute Chancen, ein paar Ketonkörper zu bilden. Diese haben einen muskelschützenden und appetitbremsenden Effekt. Ketone entstehen, wenn der Kohlenhydratvorrat in der Leber zur Neige geht und der Insulinspiegel sinkt, was durch das Fasten und die kohlenhydratarme Ernährung gefördert wird. Dann werden ver-

Das Tellermodell mit groben Mengenangaben

- 40–50 % Gemüse, Salat, Pilze
- 40–50 % eiweißhaltige Lebensmittel wie Fisch, Fleisch, Milchprodukte, Käse
- 10–20 % kohlenhydratreiche Beilagen wie Hirse, Couscous, Bulgur, Reis, Nudeln, Kartoffeln, Brot, Haferflocken

plus 2–3 EL Olivenöl oder 20–30 g Butter

mehrt Fette abgebaut, aus denen in der Leber dann Ketonkörper (alternativer Energielieferant) gebildet werden. Bei gesunden, schlanken Menschen kann die Ketonkörperbildung bereits nach zwölf Stunden ohne Nahrungsaufnahme einsetzen. Bei Insulinresistenten und/oder Übergewichtigen dauert es etwas länger. Sport beschleunigt das Ganze. Je insulinsensitiver Sie mit der Zeit werden, desto schneller bilden Sie Ketone. Um die Ketonkörperbildung zu unterstützen, können Sie als Fettquelle auch immer wieder mal Kokosöl oder MCT-Fette einsetzen, da diese unabhängig vom Kohlenhydratgehalt den Ketonkörperspiegel im Blut leicht anheben. Je öfter Sie Ihrem Körper die Chance geben, Ketone zu bilden, desto metabolisch flexibler werden Sie. Das heißt, Ihr Körper lernt, schneller von Zucker- auf Fettverbrennung hin und her zu schalten. Metabolische Flexibilität ist wichtig für die Gesunderhaltung des Körpers, vor allem des Gehirns. MCT-Fette enthalten ausschließlich mittelkettige Fettsäuren. Das Öl gibt es in Reformhäusern oder Sie bestellen es im Internet.

LOGI klassisch – ganz einfach mit dem Tellermodell

Werden Sie selbst beim Kochen kreativ und nutzen Sie dazu das Tellermodell. So können Sie Ihre Mahlzeit nach Lust und Laune durch Kombinieren der Lebensmittel aus den Kategorien Ballaststoffe, Proteine, Fette und Kohlenhydrate individuell zusammenstellen. Wenn Sie sich an die von uns in den LOGI-klassisch-Rezepten vorgegebenen Mengenangaben halten, dann liegen Sie kalorisch bei maximal 1600 Kilokalorien und unter 100 Gramm Kohlenhydraten.

In der Abbildung sehen Sie, welchen prozentualen Anteil die verschiedenen Lebensmittelbausteine auf dem Teller einnehmen sollten. Dabei steht Grün für Gemüse, Salate, Pilze und zuckerarmes Obst, Petrol für eiweißreiche Lebensmittel und Orange für Getreide, Kartoffeln und andere kohlenhydratreiche Lebensmittel. Damit Ihr Gericht auch schmeckt, darf Fett natürlich nicht fehlen. Da sich dies meist in der gesamten Mahlzeit verteilt, wird es hier nicht als Extra-Tellerbaustein abgebildet.

Beispielmahlzeiten nach dem Tellermodell

Frühstück
Beerenfrühstück

Ballaststoffe: 125 g Beeren
Eiweiß: 100 g Ricotta, 100 g Joghurt (3,5 % Fett)
Fett: 10 g Pistazien

Flexibel Kohlenhydrate: 30 g Haferflocken (oder weglassen)

Mittagessen:
Spiegeleier auf Spinat

Ballaststoffe: 250 g TK-Spinat
Eiweiß: 2 Eier
Fett: 1 EL Öl für den Spinat, 1 EL Butter für die Eier

Flexibel Kohlenhydrate: 1 dünne Scheibe Vollkorn- oder Weißbrot (oder weglassen)

Abendessen:
Zander auf Ofengemüse

Ballaststoffe: 250 g Zucchini und Zuckerschoten
Eiweiß: 150 g Zander
Fett: 2 EL Olivenöl

Flexibel Kohlenhydrate: maximal 150 g Kartoffeln (oder weglassen)

Der Wochenplan LOGI klassisch

Sie können aus unseren Rezepten natürlich beliebig Varianten für Frühstück, Mittag- und Abendessen wählen. Damit Ihnen der Einstieg in die LOGI-Ernährung leichter fällt, haben wir einen Wochenplan für Sie zusammengestellt, an dem Sie sich zunächst orientieren können. Sie finden ihn auf S. 237. Die Einkaufsliste dazu finden Sie auf S. 239.

Turbo-LOGI – für den schnellen Starterfolg

»Nimm lieber langsam ab, dann kannst du dein Gewicht besser halten!« Kennen Sie diese Empfehlung von anderen Experten, Freunden oder Familie? Doch ist langsames Abspecken wirklich besser und dauerhafter als eine Crash-Diät? Wissenschaftlich belegt ist inzwischen, dass der Langzeiterfolg einer Diät umso größer ist, je schneller und mehr Sie am Anfang abspecken. Rasche Erfolge auf der Waage haben sich als großer Motivationsschub für das dauerhafte Durchhalten erwiesen. Wer es schon zu Beginn krachen lässt, hat zudem größere Chancen, insgesamt mehr abzunehmen. Weiterhin wirkt sich ein rapider Anfangserfolg keineswegs nachteilig auf die Gesundheit aus. Aus diesem Grund haben wir das 14-tägige, kalorienbilanzierte Turbo-LOGI-Startprogramm entwickelt und möchten es gerne als Alternative anbieten. Das Startprogramm umfasst einen 7-Tage-Plan mit Rezepten mit maximal 1000 Kilokalorien pro Tag, den Sie in der zweiten Woche noch einmal wiederholen. Durch das starke Kaloriendefizit können die Pfunde schneller purzeln. Die Mahlzeiten sind proteinbetont, kohlenhydratarm und liefern viele Ballaststoffe, sodass Sie selbst mit nur 1000 Kilokalorien satt werden.

Für wen ist Turbo-LOGI nicht geeignet?

Wer zu Gallensteinen neigt oder an Gicht leidet, sollte lieber die klassische LOGI-Ernährung wählen. Wenn Sie Medikamente wie Metformin, Cortison, SGLT2-Hemmer, Insulin, Blutdrucktabletten etc. nehmen, sollten Sie die Turbo-Variante nicht im Alleingang machen, sondern nur in Rücksprache mit Ihrem Arzt. Durch die starke Kalorienreduktion kommt es bereits innerhalb von zwei Wochen parallel zu der bemerkenswerten Entfettung des Körpers zu einer Verbesserung vieler Gesundheitsparameter wie der Senkung des Blutzuckers oder des Blutdrucks. Eine fehlende Anpassung der Medikation kann dann schwerwiegende Folgen haben.

Sehr schlanke Menschen sollten Turbo-LOGI nur in Verbindung mit einem intensiven Krafttraining umsetzen, da sonst die Gefahr besteht, zu viele Muskeln abzubauen. Bei sehr schlanken Frauen kann es zudem zu Zyklusstörungen kommen.

Sind Sie sehr gestresst? Dann wählen Sie lieber einen günstigeren, stressfreieren Zeitpunkt, um mit Turbo-LOGI zu starten, damit der Cortisolspiegel (Stresshormon) nicht zusätzlich steigt.

Mit 1000 Kilokalorien eine ausreichende Nährstoffabdeckung rein über Lebensmittel zu erreichen, ist nicht ganz einfach, deshalb raten wir dazu, das Turbo-LOGI-Programm nur zwei bis maximal vier Wochen durchzuführen und dann mit der klassischen LOGI-Ernährung weiterzumachen. Es spricht aber nichts dagegen, zum Beispiel bei einem Gewichtsstillstand oder wenn Sie mal etwas geschludert haben, zwischendurch wieder eine zweiwöchige Turbo-LOGI-Diät zu machen.

Der Turbo-LOGI-Wochenplan

Für die Turbo-LOGI-Diät haben wir Ihnen mit Rezepten aus diesem Buch einen abwechslungsreichen Wochenplan zusammengestellt, den Sie in der zweiten Woche einfach wiederholen. Jeder Tag liefert 1000 Kilokalorien und unter 50 Gramm Kohlenhydrate. Natürlich können Sie den Ernährungsplan flexibel gestalten. Wenn Ihnen das Frühstück vom Montag beispielsweise besonders gut schmeckt und Sie dies öfter zu sich nehmen wollen, dann ist das kein Problem. Setzen Sie den Plan so wie von uns vorgeschlagen oder ganz nach Ihrem Geschmack um! Sie finden ihn auf S. 237. Die Einkaufsliste zu dem Wochenplan finden Sie auf S. 239.

Nicht schummeln!

Die Turbo-LOGI-Abspeckphase funktioniert nur, wenn Sie Ihre Kalorienzufuhr auch wirklich deutlich reduzieren. Wer schummelt und etwas mehr Olivenöl verwendet, den Joghurt aufisst, obwohl nur 100 Gramm erlaubt sind, oder das Fleisch nicht grammgenau abwiegt, der wandert schnell über die 1000-Kilokalorien-Grenze. Seien Sie aber auch nicht zu ambitioniert und essen noch weniger als angegeben, denn sonst entstehen noch eher Nährstoffdefizite. Halten Sie sich deshalb exakt an die vorgegebenen Mengen.

Turbo-LOGI plus Intervallfasten

Essen Sie nur drei Mahlzeiten pro Tag. Ein Snack ist im Turbo-Programm nicht vorgesehen. Wir empfehlen Ihnen, die Mahlzeiten innerhalb eines Zeitfensters von acht bis zehn Stunden zu sich zu nehmen. Und die restlichen 14 bis 16 Stunden auf Kalorien jeglicher Form zu verzichten. Beispiel: Sie essen zwischen 10 und 18 Uhr und pausieren von 18 bis 10 Uhr. Dieses Intervallfastenkonzept ist auch als 16:8 bekannt. Je länger die Essenspause dauert, desto effektiver können Sie Ihre Fettreserven anzapfen. Zudem produzieren Sie aus Ihrem freigesetzten Depotfett in der Leber ein paar Ketonkörper, die Ihnen zusätzlich helfen, sich satter zu fühlen.

Mahlzeiten durch Shakes ersetzen – Mischen is possible

An stressigen Tagen, wenn Ihnen die Zeit fehlt, sich etwas zuzubereiten, können Sie eine oder zwei Mahlzeiten auch durch einen Protein-Shake (mehr dazu im Theorie-Buch *Die neue LOGI-Diät*) ersetzen. Das Mischen beider Strategien kann Ihnen die Umsetzung erleichtern.

Was tun bei Hunger?

Eine Sättigung tritt bekanntlich erst 15 bis 20 Minuten nach der Nahrungsaufnahme ein. Deswegen ist es sinnvoll, sich beim Essen wirklich Zeit zu lassen. Essen Sie langsam und kauen Sie gründlich.

Der Hunger kommt meist in Wellen. Spüren Sie Appetit, dann warten Sie erst einmal ab.

Lenken Sie sich durch etwas ab, dann ist der Hunger manchmal schon bald wieder verschwunden. Was Ihnen da hilft, kann ganz unterschiedlich sein. Ein Spaziergang an der frischen Luft ist zum Beispiel eine Möglichkeit.

Um erste Hungergefühle zu dämpfen, hilft es auch, etwas zu trinken – aber natürlich nur etwas Kalorienfreies wie Wasser oder ungesüßten Tee oder Kaffee.

Ist Sport in der Turbo-Phase sinnvoll?

Muskeln und Bewegungsapparat fordern, aber nicht überfordern, um den Cortisolspiegel (Stresshormon) nicht zu stark ansteigen zu lassen, so heißt die Devise. Ein moderates Kräftigungstraining ist wichtig und reicht raus. Achten Sie auch auf genügend Bewegung im Alltag (mehr dazu auf S. 52).

Ihr Körper reagiert?

Wenn Sie Ihrem Körper die Energiezufuhr so drastisch entziehen, dann bleibt das nicht ohne Gegenreaktionen. Neben der sehr erfreulichen Veränderung – weniger Gewicht – kann es auch zu ein paar weniger angenehmen Nebenwirkungen kommen:

- Sie frieren mehr.
- Sie riechen anders.
- Ihre Zunge ist belegt und Sie haben etwas Mundgeruch.
- Sie fühlen sich müde und träge.
- Ihnen ist schwindelig.
- Sie haben vermehrt Blähungen oder Verstopfung.
- Ihre Haut ist unrein.

Keine Sorge, das sind alles typische Reaktionen einer krassen Kalorienreduktion, aber auch der Hinweis, dass Ihr Körper arbeitet. Unsere Erfahrungen zeigen, dass solche Effekte schon nach ein paar Tagen wieder verschwinden.

Formula plus LOGI

Da dies ein Kochbuch ist, wollen wir an dieser Stelle der Vollständigkeit halber, jedoch nur sehr kurz auf die Formula-Diäten eingehen. Formula bzw. Mahlzeitersatzdrinks, mit denen täglich zwischen 500 und 1200 Kilokalorien pro Tag zugeführt werden, sind mit Abstand die erfolgreichste diätetische Abspeckmethode. Sie sind sogar als Therapieoption in Adipositas-Leitlinien verankert. Sehr kalorienarme Diäten mit echten Lebensmitteln bergen nämlich immer das Risiko eines Nährstoffmangels, vor allem wenn die Diät über einen längeren Zeitraum praktiziert wird. Um diese Versorgungslücke zu schließen, können qualitativ hochwertige Proteinshakes als Mahlzeitenersatz eingesetzt werden, da sie typischerweise alle essenziellen Nährstoffe liefern. Formula-Diäten werden meist eher durchgehalten als eine sehr niedrigkalorische Diät auf Basis natürlicher Nahrungsmittel. Auch ist der Erhalt von Muskelmasse dabei normalerweise besser und es treten viel seltener unerwünschte Nebenwirkungen auf. Formula-Mahlzeiten können Sie zudem problemlos mitnehmen und überall schnell zubereiten. Die geschmacklich schmale Bandbreite ist bekannt – es erwarten Sie keine Überraschungen. All das kann Ihnen das Durchhalten erleichtern. Wenn Sie eine Formula-Diät in Erwägung ziehen, dann empfehlen wir Ihnen, mit einer 14-tägigen reinen Formula-Diät zu beginnen und anschließend schrittweise Shakes durch klassische LOGI-Mahlzeiten zu ersetzen. Mehr Informationen zu Formula-Diäten erhalten Sie im Theoriebuch *Die neue LOGI-Diät*.

Abgesehen von der Formula-Diät können Sie bei Bedarf natürlich auch bei der klassischen LOGI-Variante oder bei Turbo-LOGI die ein oder andere Mahlzeit durch einen Shake ersetzen. Das ist immer möglich.

Abspecken mit Formula

Startphase: mind. 14-tägiges intensives Abspecken (max. bis 12 Wochen)
3 x Shake, plus 200 kcal Rohkost

Schnelle Abspeckphase:
2–4 Wochen:
2 x Shake, 1 x Mahlzeit LOGI klassisch mit 500–600 kcal

Danach bis zum Wunschgewicht:
1 x Shake, 2 x Mahlzeit LOGI klassisch mit 500–600 kcal

Stabilisierungsphase: Gewicht halten mit LOGI klassisch
1400–1800 kcal,
max. 130 g Kohlenhydrate
plus anstrengende Muskelaktivität

Kapitel 6

Kohlenhydratverwertung verbessern

Egal, welche Form der LOGI-Ernährung Sie wählen, es kann durchaus einmal vorkommen, dass Sie nicht umhinkönnen, Brot, Kartoffeln oder Nudeln zu essen. Dann sollten Sie das einfach ohne schlechtes Gewissen genießen. Wenn Sie aber eher regelmäßig auch größerer Mengen Kohlenhydrate zu sich nehmen, dann nutzen Sie zumindest unsere Tricks für eine bessere Kohlenhydratverwertung.

Der Essig-Trick

Sauer macht nicht nur lustig, sondern schwächt auch die Blutzucker- und Insulinantwort nach einem kohlenhydrathaltigen Essen. Deswegen empfehlen wir Ihnen, vor oder mit einer stärkehaltigen Mahlzeit Essig zu konsumieren. Noch stärker ist dieser Effekt, wenn der Essig zu einem Gericht mit schnell verdaulichen Kohlenhydraten addiert wird. Wenn es Weißbrot oder Baguette sein soll, dann essen Sie es immer zu einem Salat, den Sie großzügig mit Essig oder Zitronensaft anmachen. Vor allem Menschen mit Insulinresistenz oder Diabetes, die ohnehin einen gestörten Zuckerstoffwechsel haben, profitieren besonders vom Essig-Trick. Zudem konnte gezeigt werden, dass Essig auch noch die Sättigung fördert, was sich günstig auf Ihr Abspeckvorhaben auswirkt. Statt puren Essig können Sie auch sauer eingelegtes Gemüse genießen. Der Mechanismus hinter diesem »antidiabetischen« Effekt von Essig liegt in der Erhöhung der Insulinsensitivität in den Muskeln, dadurch können die Kohlenhydrate aus der Mahlzeit besser und mit weniger Insulin in die Muskelzellen aufgenommen werden, was den Blutzuckerspiegel senkt.

Resistente Stärke nutzen

Altbackenes, eingefrorenes und dann getoastetes Brot, gekochte und anschließend abgekühlte Kartoffeln oder Nudeln – all diese stärkehaltigen Lebensmittel haben etwas gemeinsam. Sie enthalten resistente Stärke, die beim Einfrieren oder Erkaltungsprozess aus einem Teil der verdaulichen Stärke entsteht. Der Vorteil der resistenten Stärke: Sie wird von unseren Verdauungsenzymen nicht gespalten. Dadurch landet sie nicht im Blut, kann folglich auch nicht den Blutzucker erhöhen und nicht als Energieträger (kcal) verwertet werden. Im Darm wird sie freudig von den Darmbakterien aufgenommen und fermentiert, dadurch entstehen kurzkettige Fettsäuren, die den Appetit hemmen.

Unser Tipp: Salzkartoffeln nach dem Kochen erkalten lassen und daraus einen Kartoffelsalat machen. Am besten mit Essig anmachen, denn dann potenziert sich der positive Effekt auf den Blutzucker- und Insulinspiegel.

Gleiches gilt für Nudeln. Einfach am Vortag kochen und am nächsten Tag zu Nudelsalat verarbeiten.

Wenn Brot, dann Sauerteigbrot oder Pumpernickel

Wenn schon ein kohlenhydratreiches Brot, dann genießen Sie bitte ein leckeres (Roggen-) Sauerteigbrot, am besten mit natürlicher Sauerteigführung hergestellt. Die durch den Fermentationsprozess gebildeten organischen Säuren sind wahrscheinlich dafür verantwortlich, dass der Genuss dieses Brotes im Vergleich zu Weißbrot mit einer geringeren Blutzucker- und Insulinantwort einhergeht. Zudem enthält Sauerteigbrot durch den höheren Säuregehalt mehr resistente Stärke als ein Hefebrot.

Auch Brot aus gekeimten Getreidekörnern oder Pumpernickel wirken sich günstiger auf den Zuckerstoffwechsel aus als Weiß- oder Vollkornhefebrot. Wenn Sie das Brot dann noch vorher einfrieren und nach dem Auftauen leicht getoastet genießen, schwächen Sie die Blutzuckerreaktion zusätzlich.

Für alle, die lieber konsequent Kohlenhydrate reduzieren wollen, aber trotzdem Brot genießen wollen: Testen Sie unser LOGI-Brot auf S. 69!

Kohlenhydratgenuss – wie wichtig ist das Timing?

LOGI ist eine Low-Carb- und keine No-Carb-Ernährung, das heißt, Sie dürfen bis zu 130 Gramm Kohlenhydrate pro Tag essen. Allerdings können Sie die Wirkung der Kohlenhydratmahlzeit auf Ihren Stoffwechsel beeinflussen. Sie haben sicherlich schon oft gehört, dass man vor allem abends Kohlenhydrate weglassen sollte. Ob man davon profitiert, abends auf Kohlenhydrate zu verzichten, hängt möglicherweise ein Stück weit davon ob, ob Sie einen gesunden Stoffwechsel haben oder bereits insulinresistent sind oder Typ-2-Diabetes haben. Einige Studien haben gezeigt, dass bei gesunden Menschen die Glukosetoleranz im Tagesverlauf abnimmt. Das bedeutet, abends verwerten sie Brot, Kartoffeln und Nudeln schlechter. Eine mögliche Erklärung hierfür ist, dass die Bauchspeicheldrüse eine Art »Arbeitspause« einlegt, sie produziert also abends weniger Insulin. Wenn Sie dennoch abends Kohlenhydrate reinschaufeln, kommt es zu höheren Blutzuckerwerten, weil nicht genug Insulin bereitgestellt wird. Das könnte vielleicht auch zum Teil erklären, warum Schichtarbeiter häufiger an Diabetes erkranken. Morgens dagegen ist die Glukosetoleranz bei Gesunden am besten. Wenn Sie also zu einer Mahlzeit gerne mal Brot und Co. essen möchten, dann ist die erste Tageshälfte vermutlich am besten dafür geeignet.

Anders sieht es aber bei Diabetikern aus. Es gibt Hinweise, dass sich in diesem Fall die Glukosetoleranz genau umgekehrt verhält, das heißt, die Zuckerverwertung ist abends besser als morgens. Mit anderen Worten: Wenn schon Brot, dann lieber abends, und in der ersten Tageshälfte lieber eiweißreich und kohlenhydratarm essen.

Kohlenhydrate verdienen durch Bewegung

Sie möchten gerne mehr Kohlenhydrate essen? Um Ihren insulinresistenten Körper nicht zusätzlich zu belasten, ist es ratsam, sich eine

Extraportion Kohlenhydrate immer durch Sport oder andere anstrengende Muskelaktivität zu verdienen.

Wenn Sie vor dem Essen eine Stunde trainieren, brauchen Sie einen entsprechenden Teil der Kohlenhydratreserven in den Muskeln auf und schaffen so Platz für neue Kohlenhydrate. Auf diese Weise belasten Sie Ihren insulinresistenten Stoffwechsel nicht und können ohne schlechtes Gewissen eine Extraportion Kartoffeln, Nudeln oder Reis genießen.

Wie viele Extra-Kohlenhydrate dürfen es sein?

Die Intensität und die Dauer des Trainings entscheiden über die Menge der Extra-Kohlenhydrate. Um 50 Gramm Kohlenhydrate zu verbrennen, müssen Sie beim Training nicht völlig außer Puste kommen. Dafür reicht es bereits aus, wenn Sie bei geringer bis moderater Intensität trainieren. Entscheidend ist die Trainingsdauer. Diese sollte bei 60 Minuten liegen. Wenn Sie zum Beispiel in dieser Zeit in einem Pulsbereich von 120 bis 140 Schlägen pro Minute walken (Sie könnten sich also noch unterhalten), verbrennen Sie schätzungsweise 350 Kilokalorien und 50 Gramm Kohlenhydrate. Diese Kohlenhydratmenge dürfen Sie sich dann zuzüglich zu Ihrer LOGIschen Basis-Ernährung gönnen. Denken Sie aber daran: Wenn Sie Ihren sportlichen Einsatz nicht gleich mit Essen belohnen, erreichen Sie ein größeres Kaloriendefizit.

50 Gramm Kohlenhydrate stecken zum Beispiel in:
165–200 g gekochten Nudeln oder Reis
130 g Vollkornbrot oder Pumpernickel
100 g Weißbrot
100 g Rosinenbrötchen
80 g Haferflocken
350 g Kartoffeln
240 g Banane
315 g Weintrauben
120 g Chips
155–310 g Eiscreme
100 g Schokolade
70 g Gummibärchen
100 g Schokokuchen

Kapitel 7

Hilfestellung für ein gutes Gelingen

Wählen Sie den richtigen Zeitpunkt aus

Vor allem Turbo-LOGI erfordert viel Disziplin, deswegen ist es wichtig, alles zu umgehen oder auszuschalten, was Sie schwächen oder verführen könnte. Auch der richtige Zeitpunkt ist entscheidend für Ihren Erfolg. Liegen noch wichtige Termine vor Ihnen oder irgendwelche Feierlichkeiten, die Ihr Vorhaben gefährden könnten? Dann wählen Sie einen anderen, günstigeren Zeitpunkt aus!

Wer auf die klassische LOGI-Ernährung umstellen möchte, muss weniger dringend einen passenden Zeitpunkt abwarten, denn es muss nichts abgewogen oder abgemessen werden. Wichtig ist nur, richtig zu kombinieren, und damit können Sie jederzeit zu Hause, in der Kantine, im Restaurant und sogar im Urlaub beginnen. Zum einfacheren Einstieg nutzen Sie unseren Wochenplan auf S. 237 und die dazugehörige Einkaufliste auf S. 239.

Planen Sie Ihre Mahlzeiten

Studien belegen, dass Menschen, die ihre Mahlzeiten im Voraus planen, sich gesünder und abwechslungsreicher ernähren und schlanker sind. Wer dagegen viel außer Haus isst, trifft seine Essenswahl spontaner und kann dann eher auch mal der ungeplanten Verführung erliegen. Deshalb ist es sinnvoll, sich immer einige Tage im Voraus zu überlegen, was Sie essen möchten, und eine entsprechende Einkaufsliste zu erstellen. Die Gerichte, die sich zum Mitnehmen eignen, können Sie dann für unterwegs oder als Mittagessen im Büro einplanen und so die Außer-Haus-Verführung weitgehend reduzieren.

Clean your home

Essen ohne Hunger – einfach, weil etwas so gut riecht, weil es den Appetit anregt und weil es überall verfügbar ist. Wir leben in einer Umwelt, die uns an jeder Ecke mit Essbarem lockt. Darauf haben wir leider keinen Einfluss. Aber wir können das Überangebot an Lebensmitteln, vor allem an Fertigprodukten, Knabbereien und Süßigkeiten, zumindest in unseren eigenen vier Wänden minimieren. Wenn Sie wissen, dass solche Lebensmittel Sie besonders stark in Versuchung führen, dann sollten Sie genau diese als Erstes beseitigen. Somit schützen Sie sich in Ihrem eigenen Heim vor den verführerischen Essensreizen, ganz nach dem Motto: aus den Augen, aus dem Sinn.

Do it yourself – ran an den Kochlöffel!

Früher war alles anders – zu Großmutters Zeiten, da wurde noch zu Hause gekocht und gegessen. Doch das war früher. Inzwischen essen wir immer häufiger außer Haus. Ob für Eilige,

Gestresste oder Kochfaule, der Imbiss, die Kantine, das Restaurant, der Bahnhof, die Einkaufsstraße – Essen gibt es überall, wozu also selbst kochen?

Es gibt viele gute Gründe, um sich wieder mit dem heimischen Herd anzufreunden. So zeigen Studien, dass die Häufigkeit, mit der wir außer Haus essen, direkt mit einer Gewichtszunahme in Zusammenhang steht. Zunehmende Portionsgrößen, unachtsames Essen, hohe Energiedichte für wenig Geld und schlechte Sättigungswirkung vieler Fertiggerichte und Fast-Food-Mahlzeiten sind sicherlich eine Erklärung hierfür. Des Weiteren belegen Untersuchungen, dass der Gemüse- und Obstverzehr durch das Außer-Haus-Essen abnimmt und damit die Qualität der Ernährung verschlechtert wird. Wer dagegen selbst zum Kochlöffel greift und sich sein Essen mit frischen Zutaten zubereitet, ernährt sich gesünder und erhöht damit auch die Chancen auf Erfolg bei seiner Diät.

Oftmals spricht Zeitmangel gegen das Kochen, doch wer vorsorgt, kann da Abhilfe schaffen. Bereiten Sie einfach dann, wenn Sie Zeit haben, gleich größere Mengen zu. Gemüsesuppen, Currys, Gemüseaufläufe, Hackbällchen, gebratene Putenbrust – viele Gerichte lassen sich wunderbar noch am nächsten Tag kalt oder aufgewärmt genießen. Oder Sie können sie einfrieren und dann an Tagen mit wenig Zeit auf gesunde Mahlzeiten zurückgreifen.

Nutzen Sie als Inspiration unsere leckeren Rezepte in diesem Kochbuch (ab S. 67)! Wer dennoch lieber in fremden Küchen isst, der sollte unsere Tipps für LOGI unterwegs befolgen.

Convenience-Produkte einsetzen

Mit dem Begriff Convenience Food verbinden viele ausschließlich ungesunde Fertiggerichte wie Pizza oder Nudeln, die Sie ganz bequem nur noch in den Ofen schieben oder im Topf erwärmen müssen. Convenience-Produkte gibt es jedoch in unterschiedlichen Verarbeitungsgraden. Manche Lebensmittel sind nur küchenfertig, das heißt, sie sind so weit vorbereitet, dass Sie sich das Waschen, Säubern und Schnippeln ersparen können. Ansonsten ist das Produkt naturbelassen. Dazu zählen zum Beispiel Tiefkühlprodukte wie ungewürztes Gemüse, ungezuckertes Obst und naturbelassener Fisch. Lebensmittel dieser Verarbeitungsstufe sind somit durchaus empfehlenswert. Tiefkühlobst und -gemüse ist sogar oft die bessere Alternative zu vermeintlich frischer Ware.

Suchen Sie sich Verbündete

Holen Sie sich Verbündete ins Boot, mit denen Sie gemeinsam den Kampf gegen die Pfunde angehen. Tauschen Sie sich aus, motivieren Sie sich gegenseitig, etablieren Sie in der Gruppe gesunde Verhaltensweisen, zum Beispiel gemeinsam Sport zu treiben oder sich einmal pro Woche zum LOGIschen Kochen zu treffen. Auch auf digitaler Ebene, wie zum Beispiel auf Facebook, gibt es inzwischen einige LOGI-Gruppen, denen Sie sich anschließen können.

Wenn Sie noch mehr Unterstützung benötigen, dann wenden Sie sich an einen Coach, der Sie begleitet und unterstützt. Ausgebildete LOGI-Trainer oder Low-Carb-Berater finden Sie auf: *http://www.logi-aktuell.de* oder der *www.my-lowcarb.com*.

Kapitel 8

Die besten Kohlenhydratalternativen

Als wir 2005 das erste LOGI-Kochbuch geschrieben haben, war das Angebot an kohlenhydratarmen Nudeln, Mehlen oder Broten sehr spärlich bis gar nicht vorhanden. Mandelmehl oder Kokosmehl konnte man, wenn überhaupt, nur im Reformhaus kaufen oder für sehr viel Geld im Internet bestellen. Jetzt sieht das zum Glück ganz anders aus. Aufgrund der großen Beliebtheit von Low Carb und der großen Nachfrage nach kohlenhydratarmen Produkten findet man inzwischen selbst bei Discountern die oben genannten Mehle. Das macht das LOGI-Leben nicht nur einfacher, sondern auch günstiger. Damit Sie eine Auswahl treffen können, stellen wir Ihnen im Folgenden gute und kohlenhydratarme Alternativen vor.

Nudel- und Reisalternativen

Nudeln aus Hartweizengrieß oder Reis enthalten 70 bis 78 Gramm Kohlenhydrate pro 100 Gramm.

Glücklicherweise gibt es Alternativen, die genauso lecker sind und weniger bis gar keine Kohlenhydrate liefern.

Gemüsespaghetti

Die wohl gesündeste und natürlichste Form von Low-Carb-Nudeln sind Gemüsespaghetti. Vor allem die Zoodles aus Zucchini (Zucchini-Noodles) haben wir schon oft auf Speisekarten von Restaurants gesehen. Diverse Hersteller bieten inzwischen günstig Spiralschneider an, mit denen sich im Handumdrehen aus Zucchini, Kohlrabi, Möhren, Rote Bete etc. Gemüsespaghetti zaubern lassen. Je nach Gemüsesorte liefern sie zwischen 2 und 8 Gramm Kohlenhydrate pro 100 Gramm.

Konjaknudeln und Konjakreis

Konjaknudeln oder -reis werden aus der in Ostasien beheimateten Konjakwurzel hergestellt und sind die kohlenhydratärmsten Reis- und Nudelalternativen. Sie bestehen hauptsächlich aus Wasser und sind reich an Glucomannan, einem Ballaststoff mit sehr hohem Quellvermögen. Dadurch sind sie nicht nur kohlenhydratfrei, sondern auch kalorienarm. Die Nudeln oder den Reis kann man einfach kurz in Tomatensoße oder in einem Curry mitkochen. Von der Konsistenz bleiben Konjakprodukte eher bissfest.

Nudeln aus Hülsenfrüchten

Linsen-, Erbsen- und Kichererbsennudeln liefern mit 50 bis 58 Gramm Kohlenhydraten pro 100 Gramm (Rohgewicht) eine Kohlenhydratersparnis gegenüber Hartweizenpasta von gerade mal 14 bis 22 Gramm pro 100 Gramm (ungekocht). Sie liefern allerdings fast doppelt so viele Ballaststoffe und Protein als herkömmliche Nudeln. Dadurch haben sie eine sehr viel bessere sättigende

Wirkung, wodurch man weniger davon essen muss, um satt zu werden. In die Kategorie Hülsenfrüchte fallen zudem Nudeln aus Soja wie Sojaspaghetti oder Edamamepasta (aus unreifen Sojabohnen). Sie enthalten im Vergleich zu Linsennudeln und Co. doppelt so viel Protein und Ballaststoffe und nur etwa 15 Gramm Kohlenhydrate.

Eiweißnudeln – Proteinpasta

Proteinpasta weist einen sehr hohen Eiweißgehalt mit wenig Kohlenhydraten auf und besteht meistens aus einer Proteinmischung, zum Beispiel aus Soja-, Weizen-, Reis- oder Linsenprotein.

Blumenkohlreis

Das Pendant zu den Gemüsenudeln ist der Blumenkohlreis. Dafür einfach Blumenkohl fein raspeln und einen Teil des Risottos dadurch ersetzen oder komplett als Reisersatz zum Beispiel zur Herstellung von Sushi-Makis verwenden.

LOGIsche Mehlalternativen

Getreidemehle sind mit etwa 70 Gramm Kohlenhydraten pro 100 Gramm sehr kohlenhydratreich und somit nicht geeignet für eine Low-Carb-Ernährung. Es gibt jedoch alternative Mehle, die wir im Folgenden etwas näher beleuchten wollen. Allerdings gilt es dabei zu beachten: Ein Getreidemehl kann nicht 1 : 1 durch ein Low-Carb-Mehl ersetzt werden, da diese glutenfrei sind und somit das Klebereiweiß fehlt. Daher muss ein alternatives Bindemittel verwendet werden, hierfür eignen sich zum Beispiel Guarkernmehl, Johannisbrotkernmehl oder auch Eier.

Nussmehle

Die am häufigsten in Supermärkten erhältlichen Nussmehle sind Mandel- und Kokosmehl.

100 Gramm Weizenmehl können Sie durch 70 Gramm Mandelmehl ersetzen, allerdings bindet Mandelmehl zwei- bis dreimal mehr Flüssigkeit, die folglich zugesetzt werden muss. Mandelmehl eignet sich zum Backen von Kuchen, Pfannkuchen, Pizza, Brot etc.

Wenn Sie Kokosmehl verwenden, können Sie 35 bis 40 Gramm davon statt 100 Gramm Weizenmehl verwenden. Da Kokosmehl das Vierfache an Wasser bindet, muss viel Flüssigkeit zugefügt werden. Als Bindemittel eignen sich Eier, weil sie auch Flüssigkeit besitzen. Die Faustregel hierbei: Für 30 bis 40 Gramm Kokosmehl braucht es ein Ei.

Mehle aus Hülsenfrüchten

Dazu zählen Linsen- oder Kichererbsenmehl. Beide Mehle quellen sehr schnell mit warmem Wasser und haben gute Bindungseigenschaften. Sie können damit Brot, Brötchen, Nudeln, Pizzateige, Fladen etc. backen. Sie sind zwar nicht sehr kohlenhydratarm, aber dafür reich an Ballaststoffen und Eiweiß, was ihren Sättigungsgrad erhöht. Testen Sie zum Beispiel unser Rezept Feldsalat mit krossen Kichererbsen-Nuggets auf S. 108.

Proteinpulver

Proteinpulver eignet sich nicht nur zum Anrühren von Shakes, sondern auch zum Backen. Besonders beliebt ist es in der Fitnessszene. Mit Eiweißpulver lassen sich wunderbar Pancakes, Waffeln, Pizzen, Muffins und Kuchen zubereiten. Allerdings kann man nicht mit Proteinpulver allein backen, sondern muss andere Low-

Carb-Mehle dazu kombinieren und feuchte und bindende Zutaten wie Eier, Joghurt, Quark oder Ähnliches hinzufügen.

Pizza-Alternativen

Schmackhafte Alternativen zu Pizzateig lassen sich wunderbar auch mit weniger Kohlenhydraten herstellen:

- Omelette in der Pfanne ausbacken, belegen und im Ofen ein paar Minuten überbacken.
- Blumenkohlpizzateig aus geraspeltem Blumenkohl, Eiern und Käse herstellen (Rezept siehe S. 166).
- Bereiten Sie Farinata-Fladen aus Kichererbsenmehl zu und belegen Sie sie wie eine Pizza.

Zutaten:

125 g Kichererbsenmehl
250 ml Wasser
1 EL kalt gepresstes, natives Olivenöl
Nach Geschmack Salz, Pfeffer aus der Mühle
frischer Rosmarin

Zubereitung:

- Das Kichererbsenmehl in eine Schüssel geben, das Wasser nach und nach zugeben und unterrühren. Es entsteht ein flüssiger Brei. Diesen Kichererbsenbrei über Nacht zuge-

deckt quellen lassen. Möglicherweise bildet sich Schaum an der Oberfläche, diesen mit einem Schaumlöffel abnehmen.

- Das Öl unter den Teig rühren und mit Salz und Pfeffer würzen. Sie können zusätzlich frischen, gehackten Rosmarin unterziehen. Den Ofen auf 200 °C (Umluft 180 °C) vorheizen.
- Den Kichererbsenteig auf ein großes beschichtetes Blech oder in eine große leicht gefettete Auflaufform gießen. Im Backofen (Mitte) etwa 20 Minuten backen, bis die Oberfläche schön braun ist. Die Farinata schmeckt warm am besten.

Kartoffelalternativen

Kartoffelpuffer, Pommes oder Püree lassen sich ganz prima aus anderem Gemüse wie zum Beispiel Knollensellerie, Möhren oder Petersilienwurzeln herstellen. Einfach in die jeweilige Form schneiden, raspeln oder zur gewünschten Konsistenz verarbeiten und wie die Kartoffelvarianten als Beilage servieren.

Schokoladenriegel

Statt eines Vollmilchschokoriegels empfehlen wir Ihnen, etwas Zartbitterschokolade (mindestens 70 % Kakaoanteil) zu naschen. Bevor Sie das dunkle, zarte Täfelchen verspeisen, sollten Sie daran riechen. Der Kakaoduft lockt Sättigungshormone bereits vor dem ersten Bissen. Je dunkler die Schokolade, desto stärker wirkt sie als Appetitbremse in der darauffolgenden Mahlzeit. Mit anderen Worten – dunkle Schokolade hilft Ihnen, weniger zu essen. Alternativ können Sie auch einen Eiweißriegel genießen.

Müsliersatz

Um gerade beim Frühstück eine gute Kohlenhydratbilanz zu erreichen, können Sie Ihr gewohntes Getreidemüsli durch andere sinnvolle Alternativen ersetzen. So ergeben zum Beispiel Kombinationen aus gehobelten oder gehackten Nüssen, Kernen, Samen, Kokosflocken, Rohkakao-Stückchen oder ungesüßten Kokoschips leckerere Müslivarianten.

Zuckerersatz

Ein wichtiger Schritt, um den Zuckerkonsum zu reduzieren, besteht darin, sich wieder für die Geschmackrichtung süß zu sensibilisieren. Das passiert ganz automatisch, wenn Sie schrittweise anfangen, weniger zu süßen, zum Beispiel indem Sie weniger Zucker, Süßstoff oder Zuckeralkohol in den Kaffee oder Tee geben oder von der Vollmilchschokolade zur Zartbittervariante wechseln. Mit der Zeit werden Sie feststellen, dass Sie immer weniger süßen müssen, um auch ausreichend süß zu schmecken.

Süßstoffe und Zuckeralkohole

Süßstoffe sind künstlich hergestellte Zuckerersatzstoffe, die eine bis zu 10.000-fach höhere Süßkraft als der übliche Haushaltszucker haben. Bis auf Aspartam und Thaumatin sind alle Süßstoffe kalorienfrei und damit natürlich auch kohlenhydratfrei. Aspartam und Thaumatin liefern zwar knapp 4 Kilokalorien pro Gramm, durch ihre hohe Süßkraft sind diese jedoch zu vernachlässigen, da nur geringste Mengen nötig sind. Besonders beliebt bei Low-Carblern ist der »natürliche« Süßstoff Stevia. Stevia rebaudiana Bertoni, auch Honig- oder Süßkraut genannt, ist eine zuckersüße Pflanze, die ihre Wurzeln im südamerikanischen Paraguay hat. Seit Jahrhunderten wird Stevia dort von der Urbevölkerung wie den Guaraní-Indianern als Medizin und zum Süßen von Mate-Tee verwendet. Die Stevia-Blätter verdanken ihren süßlichen Geschmack den darin enthaltenden Steviol-Glykosiden, nämlich Steviosid und Rebaudiosid A. Steviablätter haben eine bis zu 30-fach, Stevia-Extrakte sogar eine bis 300-fach höhere Süßkraft als Zucker. Allerdings sollte man wissen, dass Steviaprodukte (bis auf getrocknete Steviablätter) alles andere als ein natürlicher Süßstoff sind. Die in Stevia enthaltenen Steviaglykoside werden durch komplizierte chemische Verfahren extrahiert.

In einigen, wenn auch nicht in allen Studien konnte mehrfach ein blutzuckersenkender Effekt von Stevia gezeigt werden. Interessant hierbei ist, dass dieser Effekt wahrscheinlich nur bei Menschen mit erhöhten Blutzuckerwerten eintritt. Dagegen ist bei Stoffwechselgesunden kein Effekt auf den Blutzucker zu beobachten. Die Gefahr einer zu starken Blutzuckersenkung und einer damit verbundenen Entstehung von Heißhunger würde damit ausgeschlossen.

Zum Süßen von Tee eignen sich z. B. Steviablätter oder Stevia-Tabs (1 Blatt/1 Tab entspricht schätzungsweise 1 Würfelzucker). Weißes Steviapulver eignet sich aufgrund der Hitze- und pH-Stabilität wunderbar zum Backen und Süßen von Cremespeisen auf Milchbasis. Allerdings fehlt es dem Süßstoff an Volumen, sodass der Zucker nicht 1:1 durch Stevia ersetzt werden kann.

Neben den Süßstoffen gibt es noch Zuckeraustauschstoffe als Zuckerersatz. Zuckeralkohole wie Xylit (auch als Birkenzucker bekannt) oder Erythrit sind in der Low-Carb-Szene zum Süßen heiß begehrt. Xylit liefert halb so viele Kalorien wie Zucker, hat eine ähnliche Konsistenz und Süßkraft. Erythrit ist praktisch kalorienfrei und besitzt etwas weniger Süßkraft als Xylit. Beide haben kaum oder keinen Effekt auf den Blutzucker- und Insulinspiegel, weshalb ihnen neben einer anti-kariogenen (Schutz vor Karies) auch eine antidiabetische Wirkung nachgesagt wird. Beide Zuckerersatzstoffe können in zu hoher Menge jedoch Durchfall auslösen, weshalb man ihren Konsum nur langsam steigern sollte.

Xylit und Erythrit eignen sich beide zum Backen und Süßen von Desserts. Zudem liefern sie ein vergleichbares Volumen wie Haushaltszucker, was das Backen mit diesem Ersatzstoff erleichtert.

Man liest oft, dass Süßstoffe oder Zuckeralkohole den Appetit anregen und dick machen. So eindeutig, wie solche Aussagen oft in der Verbraucherpresse zu lesen sind, ist die wissenschaftliche Datenlage allerdings nicht. Es spricht nichts dagegen, wenn Sie ab und zu eine Cola light trinken oder einen Tee mit Stevia oder Xylit süßen. Dennoch, Süßstoffe und Zuckeralkohole widersprechen dem LOGIschen Grundgedanken – nämlich auf Dauer möglichst wenig industriell hergestellte Lebensmittel zu konsumieren.

Kapitel 9

Verbrennen Sie mehr Energie!

Wie bereits erwähnt, beruht die Entstehung von Übergewicht auf vielen verschiedenen Faktoren. Ein Mitverursacher ist der verminderte Energieverbrauch durch die Abnahme körperlicher Aktivität im Alltag, vor allem, wenn man einen sitzenden Bürojob ausübt. Aber auch in der Freizeit sind wir dank technologscher Entwicklungen bequemer geworden. Während wir früher zum Wechseln des Fernsehsenders aufstehen mussten, erledigen wir dies heute per Knopfdruck auf der Fernbedienung. Auch das Herunterlassen der Jalousien, das Ein- und Ausschalten des Lichts oder des Radios, das Auf- und Abdrehen der Heizung – all das können wir bequem von der Couch per App steuern, ohne uns dafür zu bewegen. Selbst die Krümel auf dem Boden entfernt der Saugroboter ganz allein. Auf diese Weise sitzen wir mit unserem Bewegungsapparat locker neun Stunden pro Tag. Dass ein solcher Lebensstil für viele Menschen nicht ohne Konsequenzen bleibt, zeigen uns die erschreckenden Übergewichtsraten in den Industrieländern. Zu langes Sitzen geht aber nicht nur auf die Hüften, sondern auch auf die Lebenserwartung. Wer länger als sechs Stunden am Tag sitzt, verkürzt seine Lebenserwartung nämlich um 20 Prozent, und zwar unabhängig davon, ob er noch Sport treibt.

Je mehr Energie Sie insgesamt verbrauchen, desto größer ist auch die Chance, dass Sie Ihr Wunschgewicht erreichen und halten. Doch wie können Sie den Verbrennungsmotor grundsätzlich anschmeißen? Hierfür sollten wir uns zunächst einmal anschauen, wie sich der tägliche Energieverbrauch zusammensetzt.

Wir verbrennen andauernd – selbst in Ruhe

Selbst wenn wir schlafen, verbrennen wir Energie, und zwar zur Aufrechterhaltung lebenswichtiger Funktionen wie Atmung oder Herzschlag. Dieser Grundumsatz macht 60 bis 75 Prozent des gesamten täglichen Energieverbrauchs aus. Allerdings kann der Anteil bei einem sitzenden Lebensstil auf 50 Prozent sinken. Die größten Energiefresser sind stoffwechselaktive Organe wie Gehirn, Leber, Muskelmasse, aber auch Nieren und Herz. Sie machen bis zu 80 Prozent des Grundumsatzes aus. Etwas sparsamer sind dagegen Fettgewebe, Knochen, Darm und Haut, die zusammen jedoch den größten Anteil der Körpermasse bilden. Der Grundumsatz variiert bei Schlanken und Übergewichtigen und steigt mit zunehmender Körpermasse, da Organe mitwachsen und folglich mehr verbrauchen. Dagegen sinkt der Grundumsatz im Alter aufgrund des natürlichen Muskelabbaus und schrumpfender Organe.

Das heizt Ihren Stoffwechsel an

- Eiweißreich essen.
- Auf genügend Ballaststoffe achten (Gemüse, Salat, Pilze, Hülsenfrüchte, Nüsse, Samen, Kerne).
- Kaffee oder grünen/schwarzen Tee trinken.
- Scharf essen.
- Kokosöl oder MCT-Öle einsetzen.
- Zwei bis drei große Mahlzeiten statt fünf bis sechs kleine einplanen.
- Die meiste Energie bis 15 Uhr konsumieren.
- Üppige Abendmahlzeiten vermeiden.

Auch Verdauung kostet Energie

Wenn wir essen, dann muss diese aufgenommene Nahrung verdaut, verbrannt oder gespeichert werden. Das kostet Energie. Man spricht in diesem Zusammenhang auch vom thermischen Effekt von Lebensmitteln bzw. Nährstoffen. Er macht 8 Prozent bis maximal 15 Prozent des täglichen Energieverbrauchs aus und wird von verschiedenen Faktoren beeinflusst.

Eine eiweißbetonte, ballaststoffreiche Ernährung entsprechend den LOGI-Prinzipien, ein körperlich aktiver Lebensstil, wenige große statt viele kleine Mahlzeiten, langsames Essen sowie bestimmte Substanzen wie mittelkettige Fettsäuren (z. B. in Kokosöl), Koffein in Kaffee, grünem und schwarzem Tee oder Capsaicin aus der Chilischote erhöhen den nahrungsinduzierten Energieverbrauch. Übergewicht, Insulinresistenz, das zunehmende Alter, spätes Essen und verarbeitete Lebensmittel wirken sich dagegen negativ aus, indem sie den thermischen Effekt einer Mahlzeit senken.

Bewegung verheizt Energie

Einen nennenswerten und stark beeinflussbaren Anteil am Gesamtenergieverbrauch hat ganz klar die körperliche Aktivität. Dabei muss man unterscheiden zwischen sportlichen Aktivitäten und Alltagsbewegungen.

Energieverbrauch durch Sport

Der Energieverbrauch durch Sport kann 15 bis 30 Prozent des Gesamtenergieverbrauchs betragen. Mit Sport sind hier alle zusätzlichen freiwilligen körperlichen Aktivitäten wie Joggen, Rennradfahren, Aerobic o. a. gemeint. Zum Abnehmen wird daher Übergewichtigen neben der Kalorienreduktion moderater bis intensiver Sport empfohlen – ganz nach dem Motto »eat less and move more«. Doch dieses Konzept ist für Abnehmwillige meistens schwierig umzusetzen, da die Hemmschwelle, Sport zu treiben, für viele Übergewichtige sehr hoch ist und sie nur eine begrenzte Motivation besitzen, sich konsequent mehrmals die Woche intensiv sportlich zu betätigen. Folglich fallen die Langzeiteffekte solcher Maßnahmen meist eher bescheiden aus. Hinzu kommt, dass Sport, vor allem Ausdauertraining, bei vielen Betroffenen für den restlichen Tag zu einem gesteigerten Ruhebedürfnis führt, was den durch Sport erhöhten Gesamtenergieverbrauch wiederum schmälert. Es gibt aber noch eine andere, sehr vielversprechende Methode, um den Energieverbrauch durch leichte körperliche Aktivität zu vermehren – die Steigerung der Alltagsbewegungen.

Nicht sportliche Alltagsbewegungen

Den Energieverbrauch durch alle körperlichen Aktivitäten, die kein Sport sind, nennt man in der Fachsprache NEAT (non exercise activity thermogenesis). Dazu gehören Bewegungen des täglichen Lebens, die in der Arbeit und der Freizeit stattfinden, aber kein Sport sind. Hierzu zählen Stehen, (Spazieren)Gehen, Einkaufen, Singen, Lachen, Haus- und Gartenarbeit, Treppensteigen sowie unbewusste spontane kleine Bewegungen wie das Gestikulieren mit Händen und Füßen beim Sprechen, das Tippen mit den Fingern auf der Tischplatte, das Wippen mit den Beinen, das Zappeln mit den Füßen, ja sogar das Kaugummikauen.

NEAT wurde unseres Erachtens in der Adipositastherapie bisher unterschätzt. Immer mehr Studien zeigen aber, dass die Steigerung von NEAT eine vielversprechende Methode ist, um den Energieverbrauch signifikant zu erhöhen, was das Abnehmen beschleunigt und das Gewichthalten erleichtert.

Während sich der Grundumsatz und der thermische Effekt von Lebensmitteln bei Menschen gleichen Gewichts, Geschlechts und Alters kaum unterscheidet, sieht es bei NEAT ganz anders aus: So kann NEAT bei einem sitzenden Lebensstil gerade mal 6 bis 10 Prozent des Grundumsatzes betragen, während der Anteil bei Menschen, die sich viel im Beruf und Freizeit bewegen, 50 Prozent und mehr ausmachen kann. Folglich kann auch der Energieverbrauch bei zwei Personen gleichen Gewichts um bis zu 2000 Kilokalorien pro Tag variieren. Das heißt nun nicht, dass Sie Ihren Job wechseln müssen oder sich vom Büro ins Lager oder auf die Baustelle versetzen lassen müssen, um mehr Aktivität in Ihr Leben zu bringen. Wir möchten Ihnen stattdessen zeigen, wie Sie schon durch kleine Veränderungen Ihren Verbrennungsofen anschmeißen können.

Was beeinflusst NEAT?

Übergewichtige scheinen sich weniger im Alltag zu bewegen als schlanke Menschen. In einer

Machen Sie sich bewusst:

Im Vergleich zum (Ruhe)Sitzmodus:

- verbraucht Stehen 3-mal mehr Energie pro Stunde.
- verbrennt Treppensteigen 40-mal mehr Energie.
- erhöht selbst Kaugummikauen den Energieverbrauch um ein Vierfaches.

Studie saßen Übergewichtige durchschnittlich zwei Stunden länger als Schlanke, was über den Tag zu einem geringeren Energieverbrauch von 350 Kilokalorien führte. Neben der Fettmasse gibt es noch andere Faktoren, die NEAT beeinflussen: Hierzu zählen die Gene, Hormone, die Jahreszeit, der Beruf, das Alter, die Umwelt, aber auch das Abnehmen. Viele Studien haben gezeigt, dass ein Energiedefizit, wie das im Rahmen einer Diät der Fall ist, NEAT signifikant senken kann. Mit anderen Worten, je mehr Gewicht verloren wird, desto größer ist das Bedürfnis, sich weniger im Alltag zu bewegen. Umso wichtiger ist es, vor allem in der Gewichtserhaltungsphase auf NEAT zu achten und die Alltagsbewegungen im Blick zu behalten.

Strategien zur Erhöhung von NEAT

Wissenschaftler sehen in der Steigerung von NEAT Potenzial in puncto Gewichtsmanagement, aber auch für die Prävention von Übergewicht. Besonders für Menschen, die sich schwertun, Sport zu treiben, kann die Erhöhung von Alltagsbewegungen eine einfache, leicht in den Alltag integrierbare und effektive Methode sein, um den Energieverbrauch anzukurbeln und damit den Diäterfolg zu steigern und vor allem eine Wiederzunahme zu verhindern.

Empfohlen wird, etwa 2,5 Stunden pro Tag mit nicht sportlichen Alltagsbewegungen zu verbringen. Damit lässt sich der Energieverbrauch zusätzlich um 280 bis 350 Kilokalorien pro Tag und 2000 bis 2500 Kilokalorien pro Woche erhöhen.

Anhand des folgenden klassischen Tagesablaufs eines Schreibtischtäters mit wenig Bewegung möchten wir deutlich machen, wie viele Gelegenheiten sich bieten, in der Zeit zwischen Aufstehen und Zubettgehen vermehrt Alltagsbewegungen zu integrieren.

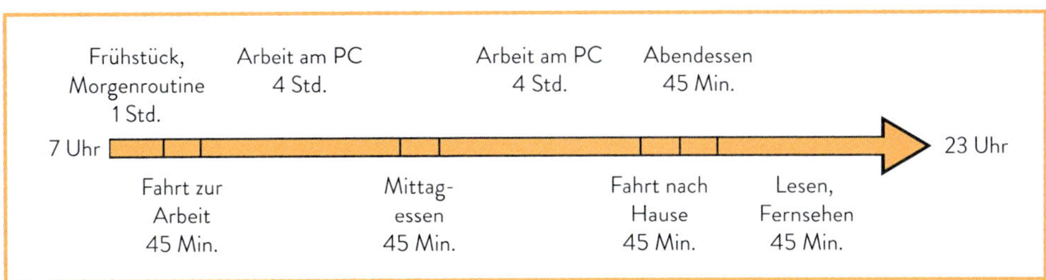

Bereits nach dem Aufwachen können Sie sich strecken und recken, beim Zähneputzen sollten Sie stehen, und statt mit der elektrischen Zahnbürste Ihre Mundhygiene zu betreiben, sollten Sie lieber wieder selbst schrubben. Den Kaffee können Sie im Stehen trinken, und zur Arbeit kommen Sie vielleicht auch ohne Auto, zum Beispiel mit dem Fahrrad, oder Sie steigen einfach eine Haltestelle früher aus und laufen die restliche Strecke. Bei der Arbeit empfehlen wir Ihnen, mindestens alle 30 Minuten aufzustehen und sich die Beine zu vertreten. Zum Telefonieren können Sie sich ebenfalls hinstellen und herumlaufen. Wenn die Blase drückt, nutzen Sie eine weiter entfernt gelegene Toilette. Statt des Aufzuges nehmen Sie lieber die Treppe. Und wenn Sie etwas mit einem Kollegen besprechen müssen, machen Sie das nicht via E-Mail oder Telefon, sondern besuchen ihn einfach in dessen Büro. Wenn Sie dann an Ihrem Schreibtisch sitzen, dann wippen Sie mal mit den Beinen unter dem Tisch. Nach der Mittagspause sollten Sie zehn Minuten um den Block laufen und dabei Kaugummi kauen. Recken und strecken Sie sich immer wieder zwischendurch. Eine Kaffeepause machen Sie am besten im Stehen. Auf dem Nachhauseweg können Sie noch ein paar Einkäufe erledigen, idealerweise mit dem Rad oder zu Fuß. Vor dem Abendessen erfrischt ein kleiner Spaziergang Ihre Gedanken. Gibt es zu Hause noch Wäsche, die während der Nachrichten im TV gebügelt oder zusammengelegt werden muss? Nutzen Sie die Werbepausen während eines Films, um Ihren Sitzmodus in Bewegung umzuswitchen. Laufen Sie so lange in der Wohnung umher, bis die Werbeunterbrechung beendet ist.

Sie sehen, der Tag bietet so viele verschiedene Möglichkeiten für mehr Bewegung, ohne dass Sie sich zu schweißtreibenden Fitnessübungen quälen müssen.

Aufgabe:

Wo können Sie in Ihrem Alltag mehr Bewegung integrieren? Malen Sie Ihre eigene Timeline auf. Was können Sie wann tun?

Tracken Sie Ihre Bewegungen

Leider können Sie nicht alle Alltagsbewegungen messen. Dennoch kann es sinnvoll sein, sich eine Bewegungs-App herunterzuladen, den integrierten Schrittzähler des Smartphones oder der Smartwatch zu nutzen oder sich einen Pedometer zuzulegen. Manche Apps erinnern einen auch daran aufzustehen oder noch ein paar Schritte zu gehen, um die Zielschrittzahl zu erreichen. Solche Tools können sehr hilfreich sein und motivieren.

Welche Tätigkeit verbraucht wie viel Energie?

0–50 Kilokalorien pro Stunde
Im Sitzen fernsehen
Im Sitzen im Internet surfen
Ein Buch lesen
Videogames spielen
Auto fahren
50–100 Kilokalorien pro Stunde
Im Stehen fernsehen
Im Stehen im Internet surfen
Bügeln

Stehen
Stretching
Musikinstrument spielen
Stricken
Kochen
100–200 Kilokalorien pro Stunde
Schnee schippen
Hausarbeit
Wände streichen
Treppen steigen
Im Büro/zu Hause herumlaufen
Zur Arbeit laufen
Gartenarbeit
Bowling
Tanzen
Yoga

Quelle: Villablanca 2015

Ein Muss: Krafttraining

Wenn Sie Gewicht verlieren, dann versucht Ihr Körper, als Kompensationsreaktion Energie zu konservieren, indem er den Energieverbrauch senkt, und zwar um 10 bis 15 Prozent mehr, als man allein durch den Gewichtsverlust erwarten würde. Man spricht dabei von der adaptiven Thermogenese, was eine Art Sparprogramm ist. Erklärungen hierfür sind die signifikante Abnahme von NEAT infolge des Abspeckens sowie die Steigerung der Muskeleffizienz. Das heißt: Unsere Muskeln verbrennen für die gleichen Bewegungsabläufe deutlich weniger Energie als vor der Diät. Gemein ist das. Aber, man kann etwas dagegen tun. Das Zauberwort heißt: Krafttraining.

Effekte des Krafttrainings

Wie bereits gesagt kann ein Energiedefizit im Rahmen einer Diät und damit zusammenhängend ein Gewichtsverlust das Bewegungsbedürfnis und somit NEAT signifikant senken. Krafttraining kann hier entgegenwirken, da es eine andere Wirkung als Ausdauertraining zu haben scheint.

Krafttraining vermindert zudem die Muskeleffizienz, das heißt, selbst an trainingsfreien Tagen wird bei NEAT-Bewegungen mehr Energie verbrannt. Krafttraining besitzt somit das Potenzial, die adaptive Thermogenese, also das Sparprogramm des Körpers, abzuschwächen oder möglicherweise sogar zu verhindern. Deswegen stellt es eine essenzielle Maßnahme vor allem in der Gewichtserhaltungsphase dar.

Ausdauertraining senkt im Gegensatz dazu NEAT und erhöht die Muskeleffizienz, weshalb Krafttraining priorisiert werden sollte, um effektiv und nachhaltig abzunehmen.

Mehr verbrennen in Ruhe

Natürlich verbrennt man durch die Kraftübungen selbst auch Kalorien. Hinzu kommt jedoch noch der »Nachbrenneffekt«. Dieser Bonus entsteht dadurch, dass nach einem anstrengenden Widerstands- bzw. Krafttraining die Muskulatur bis zu 72 Stunden benötigt, um zu regenerieren. Das sind zusätzliche Kalorien, die ganz in Ruhe, im Stehen, im Sitzen und sogar im Schlaf verbraucht werden! Weiterhin reagieren trainierte Muskelzellen besser auf das Hormon Insulin, zusätzlich hilft Krafttraining, die Glykogenspeicher aufzubrauchen – beides zusammen verbessert die Verstoffwechslung von Kohlenhydraten. Außerdem hält Krafttraining die Fettzellen fit. Und last, but not least – Krafttraining formt den Körper.

Muskelfutter nicht vergessen

Zu einem sinnvollen Krafttraining gehört natürlich auch die passende Ernährung! Von größter Bedeutung ist, dass man beim Krafttraining ausreichende Mengen an hochwertigem Protein zu sich nimmt. Mit dem Widerstandstraining setzt man den Reiz an den Muskeln, sich anzupassen – das heißt sich zu erhalten oder kräftiger zu werden. Um diesen Reiz aber auch in Masse umsetzen zu können, benötigt man Baustoffe. Das ist das Protein. Um den Muskel am effektivsten im Aufbau zu unterstützen, sollte man idealerweise 20 bis 30 Gramm hochwertiges Protein (z. B. Molkenprotein) vor und nach dem Training zu sich nehmen. Damit kann man den Muskelabbau weitgehend oder gänzlich vermeiden.

Aufstehen! Langes Sitzen macht hungrig!

Studien zeigen, dass das Ausmaß der körperlichen Aktivität Einfluss auf unseren Appetit hat. Machen wir extrem viel Sport, steigt verständlicherweise auch der Appetit, um dem höheren Energieverbrauch gerecht zu werden, gleichzeitig werden aber auch die Sättigungssignale »lauter«, sodass man von einer gut funktionierenden Nahrungsregulation sprechen kann. Sitzen wir dagegen den ganzen Tag herum und bewegen uns kaum, besteht die Gefahr, dass unser hedonischer Hunger zunimmt, das heißt, wir bekommen mehr Appetit und essen eher lustgetrieben. Gleichzeitig stumpfen die Sättigungssignale ab, wodurch die Gefahr des Überessens besteht. Dies scheint ausgeprägter zu sein, je mehr Fettmasse wir mit uns herumtragen. Kurzum: Die Nahrungsregulation kann so außer Kontrolle geraten. Die beste Zone für die Appetitkontrolle liegt in der goldenen Mitte – das heißt im Bereich moderater Bewegung, hierzu zählt auch NEAT und moderates Kraft- und Ausdauertraining.

NEAT

Die optimale Bewegungsintensität für Übergewichtige, um den Appetit zu kontrollieren, liegt im moderaten Trainingsbereich, wozu moderates Ausdauer- und Krafttraining zählt sowie NEAT.

Kapitel 10

Zusätzliche Hilfe beim Abspecken

Stress abbauen

Cortisol ist ein Stresshormon, das dafür sorgt, dass wir morgens aus dem Bett kommen oder dass uns der Körper beim Sport Energie bereitstellt. Wenn jedoch durch Dauerstress der Cortisolspiegel chronisch erhöht ist, dann geht es einem im wahrsten Sinne des Wortes an die Substanz, denn dieses Stresshormon baut Muskelmasse ab. Muskeln verheizen Energie, deswegen kann Dauerstress den Energieverbrauch senken. Cortisol sorgt aber auch dafür, dass Fett aus dem Fettgewebe freigesetzt wird, das dann vor allem bei Bewegungsmangel nicht verbraucht, sondern einfach nur umgeleitet wird in Richtung Bauch, denn hier sitzen besonders viele Cortisolrezeptoren, die darauf warten, das Fett einzuschleusen. Die Folge: Unter Stress bekommt man einen dicken Bauch, selbst bei gleich bleibendem Gewicht. Und wer zu viel Speck im Bauchraum sitzen hat, erhöht sein Risiko für zum Beispiel Diabetes. Dauerstress fördert aber nicht nur einen dicken Bauch, sondern auch Fettleibigkeit. Cortisol wirkt nämlich zudem appetitanregend. Leider steigert es weniger die Lust auf Gemüse und Salat, sondern auf energiereiche Lebensmittel, die viel Fett, Zucker, raffinierte Stärke und Salz enthalten – kurzum Industriefutter. Wir greifen also unter chronischem Stress schneller zu Schokolade, Pizza und Co. Und weil diese besonders gut schmecken und Lust auf mehr machen, essen wir auch mehr davon. Unter Stress neigen wir also dazu, viel zu essen und folglich zuzunehmen. Zusätzlich kann es unter Stress, besonders bei Frauen, zu einer vermehrten Wassereinlagerung kommen, was den Zeiger auf der Waage ebenfalls in die ungewünschte Richtung verschiebt. Chronischer Stress kann folglich das Abspecken erschweren und auch den Antrieb, sich zu bewegen, herabsetzen.

Das treibt den Cortisolspiegel nach oben

Es gibt allerdings noch weitere Faktoren, die den Cortisolspiegel in die Höhe treiben. Mentaler und emotionaler Stress, chronische Schmerzen, Genussmittel wie Alkohol und Rauchen, Medikamente wie Antidepressiva, ß-Blocker, Cortisoneinnahme, ungesunder Lebensstil mit Bewegungsmangel, ungesunder Ernährung und damit verbundenen Nährstoffdefiziten (z. B. Vitamin D, Omega-3-Fettsäuren, Magnesium), Schlafmangel sowie Übergewicht selbst können zu chronisch erhöhten Cortisolwerten führen.

So bauen Sie Ihren Stress ab

Entspannungstechniken einsetzen!

Es gibt ein paar Studien, die zeigen, dass bei einem Stress-Management im Rahmen einer Diät mehr Kilos purzeln als ohne Anti-Stress-Programm. Progressive Muskelentspannung, Atemübungen, autogenes Training sind da sinnvolle Maßnahmen. Ebenso eignet sich auch Yoga dazu, den Cortisolspiegel zu senken.

Bewegung als Antidepressivum

Sport und Bewegung unterstützen nicht nur das Abnehmen, sie bauen Stress ab, steigern auch das allgemeine Wohlergehen und wirken wie ein Antidepressivum. Vor allem körperliche Aktivität an der frischen Luft kann das mentale Wohlbefinden verbessern und die Zufriedenheit erhöhen.

Anti-Stress-Food

Der Genuss ungesunder und verarbeiteter Lebensmittel kann zu Nährstoffdefiziten führen. Vor allem ein Mangel an Omega-3-Fettsäuren, Magnesium, Vitamin B12 und Vitamin D steht in Zusammenhang mit Depressionen. Essen Sie deshalb zwei- bis dreimal pro Woche fetten Fisch, um Omega-3-Fettsäuren aufzunehmen. Wenn Sie keinen Fisch mögen, dann ist ein Nahrungsergänzungsmittel mit hochdosierten Omega-3-Fettsäuren ratsam. Magnesium, das auch als Anti-Stress-Mineral bekannt ist, steckt in grünem Blattgemüse, Nüssen, Samen und Kernen. Vitamin B12 in tierischen Produkten wie Milch, Käse, Fisch, Fleisch und Eiern. Vermeiden Sie Lebensmittel mit viel Zucker und raffinierter Stärke, diese können den Cortisolspiegel erhöhen, vor allem bei Übergewichtigen mit Bauchfettansatz.

Auf Vitamin D achten!

Lassen Sie Ihren Vitamin-D-Spiegel messen. Liegt ein Mangel vor oder besteht nur eine suboptimale Versorgung, dann sollten Sie mit Ihrem Arzt über eine zusätzliche Zufuhr sprechen oder genügend Sonne tanken. Wenn Sie sich der Sonne entziehen, fehlt Ihnen Vitamin D. Zudem trägt eine schlechte Vitamin-D-Versorgung dazu bei, dass mehr Fett im Körper gespeichert wird, und das wollen Sie ja lieber loswerden.

Milchprodukte einsetzen

Milchprodukte können helfen, die Stressreaktion des Körpers abzuschwächen. Die Zufuhr von Molkenprotein kann die Cortisolkonzentration bei gestressten Personen senken. Es fördert zudem die Bildung des Glückshormons Serotonin, das stimmungsaufhellend wirkt. Eine kalziumreiche Ernährung reduziert darüber hinaus die Bildung von Cortisol im Bauchraum.

Schlafen Sie gut und essen Sie nicht zu spät!

Schlafmangel ist purer Stress für den Körper und bringt zudem die Hunger-Sättigungs-Regulation durcheinander. Man spürt mehr Hunger, isst mehr, nimmt zu und bekommt dadurch noch mehr Diätstress. Sieben bis acht Stunden Schlaf sind ideal. Damit Sie auch gut schlafen, ist es wichtig, nicht zu spät zu essen, denn sonst wird die Bildung des Schlafhormons Melatonin gestört. Unsere Empfehlung: Nehmen Sie die letzte Mahlzeit spätestens um 20 Uhr ein.

Essen Sie langsam und kauen Sie gründlich!

Studien belegen, dass Schnellesser, die wenig kauen, häufiger mehr Gewicht vor allem am Bauch mit sich herumtragen. Wer folglich das Tempo beim Essen rausnimmt und seine Mahlzeiten gut und gründlich kaut, hat gute Chancen seinen Appetit herunterzufahren und folglich insgesamt weniger zu essen.

Kauen Sie jeden Bissen gründlich, circa 15 Mal. Legen Sie in dieser Zeit das Besteck auf die Seite. Schlucken Sie das Essen herunter und stecken Sie erst dann den nächsten Bissen in den Mund.

Essen Sie mit Achtsamkeit!

Essen Sie viel zu schnell? Vielleicht weil Sie zu wenig Zeit haben? Essen Sie immer auf, obwohl Sie eigentlich schon lange satt sind? Bewerten Sie Ihre Mahlzeiten permanent nach Kalorienanzahl, Kohlenhydratgehalt, nach gesund und ungesund? Schalten Sie dieses kopfgesteuerte Essverhalten einfach mal aus! Versuchen Sie stattdessen, mit Achtsamkeit zu essen! Dabei geht es weniger darum, was Sie verzehren, sondern eher, wie Sie das tun. Genießen Sie Ihr Essen ganz bewusst im Hier und Jetzt. Wie schmeckt es? Wie riecht es? Wie fühlt sich die Konsistenz im Mund an? Wie hungrig sind Sie gerade? Wann verspüren Sie die ersten Sättigungssignale? Sie werden merken, dass es Ihnen leichter fallen wird, weniger zu essen, wenn Sie beim Essen entschleunigen und bewusst mit allen Sinnen genießen, da Sie auch Ihre Sättigungssignale klarer wahrnehmen werden.

Wiegen, messen und tracken: Betreiben Sie Selbstkontrolle!

Studien zeigen, dass Selbstkontrolle während der aktiven Abspeckphase, aber auch in der Gewichtserhaltungszeit ein sehr wichtiges Instrument ist, um die Gewichtsabnahme zu verbessern und den Abspeckerfolg langfristig zu sichern.

Zu den wichtigsten Tools der Selbstkontrolle gehören das regelmäßige Wiegen (täglich bis mehrmals pro Woche) sowie das Dokumentieren bzw. Tracken der Mahlzeiten und der Bewegungsaktivitäten. Hierfür können digitale Apps sehr hilfreich sein. Am besten ist der Effekt, wenn das Monitoring-Ergebnis in Form eines Feedbacks einem Coach, zum Beispiel dem betreuenden LOGI-Berater, dem Personal Trainer oder innerhalb einer realen oder digitalen Gruppe mitgeteilt und besprochen wird. Selbstkontrolle ermöglicht eine schnelle Korrektur des Ess- und Bewegungsverhaltens und kann damit die Energieaufnahme und den Energieverbrauch günstig beeinflussen.

Eine Anmerkung noch zum Thema Wiegen:
Vielleicht kennen Sie das aus eigener Erfahrung. Sie essen nach Plan, treiben Sport, aber die Waage bewegt sich keinen Millimeter, obwohl die Hose wieder besser passt. Machen Sie Ihren Erfolg nicht von einer Zahl auf der Waage abhängig. Ihre Figur hat sich wohlmöglich verändert. Der Bauchumfang kann schrumpfen, unabhängig von einem Gewichtsverlust. In diesem Fall raten wir Ihnen, die Waage nur einmal pro Woche zu nutzen und stattdessen lieber zum Maßband zu greifen.

Kapitel 11

LOGI unterwegs

Zugegeben, es ist sicherlich einfacher, unterwegs kohlenhydratreich als nach Low-Carb-Prinzipien zu essen. Denn Bäckereien gibt es an jeder Ecke. Kohlenhydrate sind billig zu haben und werden in From von belegten Brötchen, Croissants, Kuchen, Pizza oder Burger mit Pommes überall angeboten. Inzwischen ist aber auch die Low-Carb-Ernährung so bekannt und beliebt, dass Restaurants schon Gemüsespaghetti und kleine Burgerläden ihre Burger in der Low-Carb-Variante anbieten.

LOGI ist eine Ernährung mit mediterraner Betonung, die auf möglichst naturbelassene Lebensmittel setzt. Wenn man jedoch im Stress versinkt und keine Zeit hat, sich seine Mahlzeiten selbst vorzubereiten, dann muss man auch mal außer Haus essen und zu verarbeiteten Lebensmitteln greifen. Aber auch hier gilt immer: Die Menge und die richtige Auswahl sind entscheidend.

Location	**Was auswählen?**
Fast-Food-Restaurant	• Salat mit gebratenen Geflügelstreifen • Burger ohne Brot-Deckel plus Salat • Chicken Wings mit Salat • Wrap mit gegrilltem Fleisch • Obstspalten
Würstchenbude	• Brat- oder Rindswurst mit Senf und Sauerkraut oder Krautsalat
Asiatisch (Restaurant und Imbiss)	• Suppen (z. B. Miso- oder Thaisuppe) • Sprossensalat/Algensalat • Saté-Spieße • gebratene Fleisch-, Fisch- und vegetarische Gerichte • Sushi: Sashimi, Maki Meiden: Inside-Outside-Rolls, Nigiris, große Rollen mit viel Reis und Nudeln, gebackene Zutaten sowie süß-sauer Soße
Hawaiianisch (Restaurant und Imbiss)	Die Poké Bowls sind der Foodtrend schlechthin. Hier wird alles aus einer Schale gegessen. Meistens werden neben Reis als klassischer Bowl-Basis auch Krautsalat, Spinatblätter oder Zucchinispiralen angeboten. Die Bowl kann dann nach Belieben und ganz LOGIsch mit Möhren, Paprika, Gurken, Bohnen, Kichererbsen, Lachs, Garnele, Hühnchen, Avocado, Erdnüssen usw. bestückt werden.

Beim Italiener/ Griechen/Spanier	• Gemüsesuppen oder Suppen auf Hülsenfrüchtebasis (Linsensuppe) • Salat, Gemüseantipasti – ohne Brot • Tzaziki, Hummus mit Gemüsesticks statt Brot • Fleisch- und Fischgerichte, gegrillt oder schonend gegart, ohne Panade • Große Gemüsebeilage und/oder Salat statt Kartoffeln, Nudeln, Reis oder Brot • Nachtisch: Espresso, Cappuccino, Käse
Metzger	• Eintöpfe: Chili con Carne, Linseneintopf mit Wiener • Bohnensalat • Wurstsalat • Frikadellen ohne Brot, dafür mit Gemüse • Rippchen mit Krautsalat • Schnitzel mit Salat
Tankstelle	• Salami- und Käsesticks • Nüsse • Bockwurst mit Senf (weitere Tipps siehe Imbiss/Metzger/Fast Food)
Bahnhof	• Fertigsalate mit Geflügel, Thunfisch, Käse oder Eiern • Obstsalate • Wraps mit viel Salat und Ei, Hühnchen oder Käse (weitere Tipps siehe Imbiss/Metzger/Fast Food)
Kantine	• Vorspeise: Salat oder Gemüsesuppe • Hauptspeise: Großer Salat mit Ei, Schinken, Thunfisch etc. • Gerichte mit Fleisch und Fisch, ohne oder mit wenig Nudeln, Reis oder Kartoffeln, dazu eine zweite Portion Gemüse oder Salat (z. B. Schnitzel mit Gemüse und Salat, Gulasch mit Beilagensalat, Fisch mit Gemüse) • Dessert: Obst, Quark (Natur) mit frischen Früchten
Bäcker	Ist der Gang zum Bäcker unvermeidbar, dann wählen Sie ein kleines Vollkornbrötchen mit Frischkäse und fettarmem Aufschnitt wie Schinken und Pute, dazu bitten Sie um mehr Salat und Tomaten. Am besten lassen Sie die obere Brötchenhälfte zurückgehen.
Döner-Imbiss	• Linsensuppe • Dönerteller mit Fleisch oder Falafel oder Feta, dazu Krautsalat und Tzaziki, alles ohne Fladen, Reis oder Pommes • Getränk: Ayran (Joghurtdrink)
Supermarkt	• Salat vom Buffet • Abgepackter Salat mit Essig-und-Öl-Dressing • Verzehrfertiges Obst und Gemüse: Apfel, Birne, Cherrytomaten, Radieschen etc. • Gemüsesticks mit Kräuterquark • Gewürzgurken • Oliven • Naturjoghurt/-quark vermischt mit Obstsalat • Buttermilch, Kefir (Natur) • Frikadellen, Würstchen, Salamisticks, Schinken, Käsewürfel • Gekochte, eingelegte Shrimps/Garnelen, Thunfisch aus der Dose • Surimi • Geräucherter Fisch (Forelle, Lachs) • Nüsse, Kerne, Kokoschips

Kapitel 12

Dauerhaft erfolgreich – keine Chance dem Jo-Jo-Effekt

Überschüssiges Fettgewebe abzuspecken ist sicherlich nicht immer einfach und erfordert ein gewisses Maß an Disziplin. Viele schaffen es jedoch, in einem Zeitraum von zum Beispiel sechs Monaten 6, 7 oder mehr Kilos zu verlieren. Danach geht es aber bei den allermeisten wieder bergauf mit dem Gewicht. Das neue Gewicht zu halten ist somit die größte Herausforderung. Aus diesem Grund ist es uns wichtig, Ihnen mit der neuen LOGI-Diät nicht nur eine sinnvolle und effektive Abspeckstrategie an die Hand zu geben, sondern auch Tipps, die Ihnen helfen, sich langfristig über die gewonnene Leichtigkeit zu freuen. Dafür brauchen Sie zunächst das nötige Wissen – denn wenn Sie erst einmal verstehen, was sich in Ihrem Körper im Rahmen einer Diät abspielt, werden Sie in der Lage sein, die richtigen Strategien einzusetzen, um ihren Stoffwechsel auszutricksen.

Wenn Sie Gewicht verlieren, dann versucht Ihr Körper, Sie über mehrere Wege daran zu hindern. Hierfür hat er ein Gewichtsverteidigungssystem entwickelt, das uns in Zeiten der Nahrungsknappheit vor dem Verhungern schützen sollte. Leider wird diese Software immer noch schnell aktiviert, sobald wir uns im Energiedefizit befinden. Ihr Körper weiß ja schließlich nicht, dass Sie sich freiwillig der Nahrung enthalten. Er will Sie nur schützen. Seien Sie deshalb nachsichtig mit ihm, er will Sie nicht ärgern, und Gleiches sollten Sie auch nicht mit ihm tun, indem Sie ihn stressen oder ihn vor lauter Frust mit ungesundem Fake Food bestrafen.

Jedes Kilo, das von Ihren Hüften, Beinen, Bauch und Po abwandert, reduziert Ihre Körpermasse, und weniger Körpermasse verbraucht weniger Energie zum Leben. Ihr Grundumsatz sinkt dadurch. Hinzu kommt, dass der Energieverbrauch nach dem Essen abnimmt (nahrungsinduzierte Thermogenese, mehr dazu auf S. 55), unter anderem weil Sie auch weniger Kalorien zuführen. Das ist aber nur ein Teil des Jo-Jo-Effekt-Puzzles. Denn tatsächlich sinkt der Gesamtenergieverbrauch stärker ab, als man allein durch die Gewichtsabnahme voraussagen kann – nämlich um ganze 100 bis 300 Kalorien pro Tag. Das heißt, eine 60 Kilogramm schwere Person, die 20 Kilo abgenommen hat, verbrennt zum Beispiel 200 Kalorien weniger pro Tag als eine Person gleichen Gewichts, die aber nicht abgenommen hat. Man spricht hier wie bereits erwähnt von adaptiver Thermogenese. Der Körper versucht, auf das Energiedefizit zu reagieren, indem er ein energiekonservierendes Ökoprogramm aktiviert. Dieses beinhaltet die Senkung der Körpertemperatur und der Herzfrequenz sowie das Herunterfahren der Schilddrüsenhormone. Hinzu kommt, dass für tägliche körperliche Aktivitäten weniger Energie verbraucht wird als vor der Diät. Zudem gibt es Studien, die belegen, dass ein Gewichtsverlust mit der Abnahme von Alltagsbewegungen (NEAT, siehe dazu S. 52) einhergeht, was den Gesamtenergieverbrauch weiterhin drosselt.

Gleichzeitig steigt, ebenfalls hormonell als Gegenmaßnahme zum Verhungern genetisch angelegt und gesteuert, unser Verlangen nach Energie, obwohl der Verbrauch sinkt. Das heißt, unser Körper fährt die Sättigungshormone herunter und lässt dafür Ghrelin, das Hungerhormon, nach oben schnellen. Fazit: Wir verbrennen weniger, gehen effizienter mit Energie um, und das alles bei gesteigertem Hunger, größerem Appetit und geringerem Sättigungsempfinden. Gekoppelt an unsere übergewichtsfördernde Umwelt ist die Aktivierung dieser biochemischen Waffen ein Garant für das Eintreten des Jo-Jo-Effekts. Das Gemeinste überhaupt: Diese adaptiven Mechanismen des Körpers scheinen über Jahre bestehen zu bleiben.

Das klingt alles ziemlich frustrierend und aussichtslos – ist es aber nicht. Wenn Sie das Ganze richtig angehen, ist das Halten Ihres Wunschgewichts durchaus machbar. Wir haben für Sie die wichtigsten Tipps zusammengestellt.

Sorgen Sie vor – mit der richtigen Diät(-strategie) abspecken!

Wie erfolgreich Sie Ihr Gewicht halten werden, ist auch davon abhängig, mit welcher Diätstrategie Sie abspecken. Mit der neuen LOGI-Diät haben Sie die richtige Wahl getroffen, denn sie vereint zwei wichtige Aspekte, die für den späteren Gewichtserhalt wichtig sind:

LOGI ist eiweißreich. Dadurch schützen Sie Ihre wertvolle stoffwechselaktive Muskelmasse, wodurch der Energieverbrauch weniger stark absinkt.

Auch wenn Sie vermutlich immer genau das Gegenteil gehört und gelesen haben, aber laut Studien kann ein schnelles Abnehmen am Anfang den Langzeiterfolg einer Diät stabilisieren. Deswegen: Starten Sie mit Turbo-LOGI!

Nach der Diät

Clever sättigen

Wie bereits beschrieben, werden Sie nach der Diät vermutlich mehr Appetit und Hunger bekommen. Umso wichtiger wird es jetzt, sich clever zu sättigen. Das heißt: ballaststoff- und eiweißreich essen! Diese Kombination sorgt für eine optimale Sättigung und lang anhaltende Sattheit.

Empfohlen werden 1,2 bis 1,6 Gramm Eiweiß pro Kilogramm Körpergewicht (bezogen auf das Normalgewicht) oder 25 bis 30 Gramm Eiweiß pro Hauptmahlzeit. Proteine erhöhen zudem den Energieverbrauch nach dem Essen, locken Sättigungshormone und senken den »Appetizer« Ghrelin.

Ballaststoffreiche Lebensmittel wiederum müssen intensiver gekaut werden, das setzt die Essgeschwindigkeit herab, was zu einer geringeren Energieaufnahme führt. Ballaststoffe erhöhen außerdem die Verweildauer im Magen, was zusätzlich den Sättigungseffekt verstärkt. Auch können das Trinken von Wasser oder das Essen einer leichten Suppe vor der eigentlichen Mahlzeit die Energieaufnahme senken. Zusätzlich sollten Sie Schlafmangel vermeiden, da sonst noch mehr Chaos in der Hunger-Sättigungs-Regulation entsteht.

Intervallfasten integrieren

Nicht nur zum Abnehmen, sondern auch zum Gewichthalten kann Intervallfasten in Form von zum Beispiel 16/8, das heißt 16 Stunden fasten und acht Stunden essen, den Gewichtserhalt erleichtern. Für viele Menschen ist es nämlich einfacher, gar nichts zu essen, als den Magen mit kleinen Häppchen zu füllen. Das Essenzeitfenster von sechs bis acht Stunden kann außerdem dabei helfen, insgesamt weniger zu essen, ohne das Gefühl zu haben, auf Diät zu sein.

Führen Sie ein bewegtes Leben

Wie bereits in Kapitel 9 beschrieben, geht die Gewichtsabnahme mit einer Senkung der Alltagsbewegungen einher. Manche Experten sagen, dass dies den größten Teil der adaptiven Thermogenese ausmacht. Umso wichtiger ist es, seine alltäglichen Bewegungsabläufe zu »tracken« und zu steigern (mehr auf S. 59). Daten aus internationalen Gewichtskontrollregistern zeigen zudem, dass erfolgreiche Langzeitabnehmer auch deutlich mehr Sport treiben als Menschen, die wieder zunehmen. Bewegung ist somit eine essenzielle Maßnahme zur Gewichtserhaltung.

Wir empfehlen Ihnen auch unbedingt, dreimal pro Woche Krafttraining zu integrieren.

Dadurch können Sie Ihren Energieverbrauch selbst in Ruhe erhöhen und es wirkt der Abnahme von NEAT entgegen.

Selbstkontrolle

Nutzen Sie die digitale Welt zur Kontrolle Ihres Ess- und Ernährungsverhaltens und zum Überwachen Ihres Gewichts sowie Ihrer körperlichen Aktivität. So können Sie schnell eine Korrektur vornehmen, wenn Sie merken, dass Sie vom Weg abkommen.

Turbo-LOGI und Formula für Abtrünnige

Gewichtsstagnation oder Rückschläge beim Diäthalten können ein Motivationstief verursachen, sodass Sie Gefahr laufen, in alte Verhaltensmuster zu verfallen. Wenn Sie also merken, dass Sie vom Weg abkommen und sich das eine oder andere Kilo schon wieder auf den Hüften breit gemacht hat, dann empfehlen wir Ihnen, noch einmal eine Phase Turbo-LOGI oder Formula plus LOGI einzulegen. Laut neuen Studien ist mit einem solchen »Auffrischen« über Jahre der beste Erfolg beim Gewichtserhalt zu erzielen. Sie können diese Phasen beispielsweise einmal im Quartal für zwei bis drei Wochen durchführen. Viele bevorzugen es auch, einmal wöchentlich einen reinen Formula-Tag einzulegen.

Energiebalance auf hohem Level

Um das neue Gewicht zu halten, sollten Energieverbrauch und Energiezufuhr im Gleichgewicht sein. Das erreichen Sie, indem Sie einen niedrigen Energieverbrauch mit einer niedrigen Energiezufuhr kompensieren. Das bedeutet aber auch, dass Sie immer niedrigkalorisch essen dürfen, um in Balance zu bleiben. Sie können aber ebenso den Energiefluss (Energy-Flux) steigern, indem Sie mehr Energie durch Bewegung verbrennen. Dann dürfen Sie zur Aufrechterhaltung der Energiebilanz einiges mehr essen. Diese Variante hat den Vorteil, dass der thermische Effekt der Mahlzeit steigt, das heißt, der Energieverbrauch nach dem Essen nimmt wieder zu. Studien zeigen zudem, dass der Grundumsatz dadurch signifikant höher ist als durch einen niedrigen Energiefluss. Die Look-Ahead-Studie, die bisher größte und längste Lebensstil-Interventionsstudie an Typ-2-Diabetikern, erwies, dass ein höheres Bewegungslevel mit einer erhöhten Energieaufnahme und einem besseren Gewichtserhalt in einem Zeitraum von vier Jahren einherging. Diese Strategie setzt natürlich eine große Bewegungsmotivation voraus.

REZEPTE

Nach der LOGI-Diät zu kochen ist ganz einfach und schmeckt lecker. Testen Sie es selbst – egal ob Frühstück, Mittag- oder Abendessen – mit Fleisch, mit Fisch oder vegetarisch – für jeden Geschmack ist etwas dabei.

Einzelne Rezepte aus LOGI klassisch finden Sie nicht in der Turbo-LOGI-Variante. Aufgrund der niedrigen Kalorienzahl und damit limitierenden Zutatenmenge war das nicht umsetzbar.

Frühstück

Energie für den ganzen Tag

Das Frühstück ist das Sprungbrett in einen erfolgreichen Tag. Wenn Ihr Körper morgens die richtige Energie bekommt, ist er für den restlichen Tag leistungsfähig. Unsere eiweißreichen LOGI-Frühstücksrezepte sind ballaststoff-, vitamin- und mineralstoffreich. Das ist die Basis für Ihren guten Start in den Tag.

Grundrezept: LOGI-Haferbrot

Für 20 Scheiben

300 g Magerquark
2 Eier (Größe M)
150 g gemahlene Mandeln
60 g feine Haferflocken
50 g goldgelbe, geschrotete Leinsamen
50 g Haferkleie
1 Päckchen Backpulver
¼ TL Salz
Brotform (Ø 20–25 cm)

1 Portion mit 35 g liefert 90 kcal, 6 g Protein, 5 g Fett, 4 g Kohlenhydrate.

1. Den Backofen auf 200 °C Ober-/Unterhitze (180 °C Umluft) vorheizen. Die Brotform mit Backpapier auslegen.

2. Den Quark und die Eier in einer Schüssel verrühren. Die Mandeln, 50 g Haferflocken, Leinsamen, Haferkleie, Backpulver und Salz dazugeben und unterrühren. Den Teig 5 Minuten ruhen lassen.

3. Den Teig in die Backform füllen und glatt streichen. Gleichmäßig mit den restlichen Haferflocken bestreuen und im Ofen (Mitte) 30–40 Minuten backen. Anschließend abkühlen lassen.

Grundrezept: Gurken-Kräuter-Creme

Für 10 Portionen

100 g Gurke
Salz nach Geschmack
1 Schalotte
1 TL Schnittlauchröllchen
1 TL gehackte Petersilie
1 TL gehackte Kresse
100 g Frischkäse (17 % Fett)
1 EL Milch (3,5 %)
1 TL milder Senf
schwarzer Pfeffer nach Geschmack

1 Portion mit 25 g liefert 25 kcal, 2 g Protein, 1 g Fett, 1 g Kohlenhydrate.

1. Die Gurke schälen, halbieren, die Kerne mit einem Teelöffel entfernen, das Fruchtfleisch raspeln und salzen.

2. Die Schalotte schälen und fein hacken. Alle Zutaten, bis auf die Gurkenraspel, in einer Schüssel gut verrühren.

3. Die Gurkenraspel unter die Creme mischen. Mit Salz und Pfeffer abschmecken.

LOGI-Brot mit Rucola und Mozzarella

Für 1 Person

LOGI klassisch

20 g Rucola
40 g Mozzarella
2 Scheiben LOGI-Haferbrot, siehe S. 68
1 TL (5 g) Pesto (aus dem Glas oder siehe S. 182)
2 getrocknete Tomaten (in Öl eingelegt)
25 g Gurken-Kräuter-Creme, siehe S. 68

Turbo-LOGI

20 g Rucola
40 g Mozzarella
1 Scheibe LOGI-Haferbrot, siehe S. 68
1 TL (5 g) Pesto (aus dem Glas oder siehe S. 182)
2 getrocknete Tomaten (in Öl eingelegt)

LOGI klassisch

1 Portion mit 165 g liefert 330 kcal, 18 g Protein, 23 g Fett, 12 g Kohlenhydrate.

Turbo-LOGI

1 Portion mit 110 g liefert 230 kcal, 12 g Protein, 16 g Fett, 9 g Kohlenhydrate.

LOGI klassisch

1. Den Rucola waschen und verlesen.
2. Den Mozzarella abtropfen lassen und in 4 Scheiben schneiden.
3. Eine Scheibe Brot mit Pesto bestreichen und mit Rucola, Mozzarella und Tomaten belegen. Auf die zweite Scheibe Gurken-Kräuter-Creme geben.

Turbo-LOGI

Zubereitung wie bei LOGI klassisch, aber in Schritt 3 die Scheibe LOGI-Brot mit Pesto, Rucola, Mozzarella und Tomaten belegen.

LOGI-Brot mit Schinken und Ei

Für 1 Person

LOGI klassisch

2 Eier (Größe M)
2 Salatblätter, z.B. Kopfsalat
10 Basilikumblättchen
10 g Frischkäse (17 % Fett)
Salz und schwarzer Pfeffer nach Geschmack
1 Scheibe LOGI-Haferbrot, siehe S. 68
1 Scheibe (20 g) roher Schinken ohne Fettrand
6 Cocktailtomaten
100 g Möhren

Turbo-LOGI

1 Ei (Größe M)
2 Salatblätter, z.B. Kopfsalat
10 Basilikumblättchen
5 g Frischkäse (17 % Fett)
Salz und schwarzer Pfeffer nach Geschmack
1 Scheibe LOGI-Haferbrot, siehe S. 68
1 Scheibe (20 g) roher Schinken ohne Fettrand
6 Cocktailtomaten
100 g Möhren

LOGI klassisch

1. Die Eier in einem Topf mit Wasser in 10 Minuten hart kochen. Dann mit kaltem Wasser abschrecken, abkühlen lassen und pellen.

2. Die Salatblätter und das Basilikum waschen und vorsichtig mit Küchenpapier trocken tupfen. Das Basilikum fein hacken und in einer Schüssel mit dem Frischkäse verrühren. Mit Salz und Pfeffer abschmecken.

3. Die Brotscheibe mit Basilikum-Frischkäse bestreichen und mit den Salatblättern und dem Schinken belegen.

4. Die Cocktailtomaten waschen, die Möhren schälen, putzen und in Stifte schneiden.

5. Das belegte Brot zusammen mit dem Gemüse und den Eiern servieren.

Turbo-LOGI

Zubereitung wie bei LOGI klassisch, aber in Schritt 1 nur 1 Ei hart kochen, kalt abschrecken, abkühlen lassen und pellen.

LOGI klassisch

1 Portion mit 370 g liefert 345 kcal, 25 g Protein, 19 g Fett, 16 g Kohlenhydrate.

Turbo-LOGI

1 Portion mit 305 g liefert 250 kcal, 17 g Protein, 12 g Fett, 15 g Kohlenhydrate.

Eiweißbrot mit Avocado, Lachs und Schinkenspeck

Für 1 Person

LOGI klassisch

2 Eier (Größe M)
1 Prise Salz
50 g Magerquark
1 Scheibe (15 g) Schinkenspeck
1 Scheibe (20 g) Räucherlachs
50 g Avocado
1 TL Zitronensaft
1 Stängel glatte Petersilie
20 g Frischkäse (Magerstufe)
4–6 Salatblätter, z. B. Kopfsalat

Turbo-LOGI

1 Ei (Größe M)
1 Prise Salz
25 g Magerquark
1 Scheibe (20 g) Räucherlachs
40 g Avocado
1 TL Zitronensaft
1 Stängel glatte Petersilie
10 g Frischkäse (Magerstufe)
2–3 Salatblätter, z. B. Kopfsalat

LOGI klassisch

1. Den Backofen auf 160 °C Ober-/Unterhitze (140 °C Umluft) vorheizen. Ein Backblech mit Backpapier auslegen.

2. Die Eier trennen. Die Eiweiße in einer Schüssel mithilfe des Handrührgeräts mit dem Salz steif schlagen. Eigelbe und Magerquark in einer zweiten Schüssel mit einem Schneebesen cremig rühren. Den Eischnee vorsichtig unterheben.

3. Die Eiermasse in 4 Häufchen mit Abstand auf dem Backblech verteilen. Tipp: Verwenden Sie einen Dessertring mit einem Durchmesser von 10 cm.

4. Die Eiweißbrote im Ofen (Mitte) 20–25 Minuten backen. Dann herausnehmen und abkühlen lassen.

5. In der Zwischenzeit den Schinkenspeck ohne Fett in einer Pfanne anbraten, bis er kross ist. Den Räucherlachs halbieren. Die Avocado schälen, vom Kern befreien, das Fruchtfleisch in mundgerechte Stücke schneiden und mit Zitronensaft beträufeln. Die Petersilie waschen, trocken schütteln und etwas klein zupfen.

6. Auf 1 Scheibe Brot 5 g Frischkäse streichen und mit 2–3 Salatblättern, der Hälfte der Avocado und dem Lachsaufschnitt belegen. Eine zweite Scheibe Brot daraufgeben. 1 Scheibe Brot mit dem restlichen Frischkäse bestreichen, mit den restlichen Salatblättern, Avocado und dem Schinkenspeck belegen. Die letzte Brotscheibe daraufsetzen und mit Petersilie bestreuen.

Turbo-LOGI

Zubereitung wie bei LOGI klassisch, aber in Schritt 3 2 Häufchen auf dem Backblech verteilen und danach belegen.

LOGI klassisch
1 Portion mit 350 g liefert 355 kcal, 29 g Protein, 23 g Fett, 6 g Kohlenhydrate.

Turbo-LOGI
1 Portion mit 165 g liefert 215 kcal, 17 g Protein, 14 g Fett, 4 g Kohlenhydrate.

Käse-Wurst-Salat mit bunten Paprikaschiffchen

Für 1 Person

LOGI klassisch
100 g Radieschen
50 g Cornichons
30 g alter Gouda (45 % Fett i. Tr.)
30 g Mortadella
1 EL Olivenöl
Salz und Cayennepfeffer nach Geschmack
2 Stängel glatte Petersilie
½ rote Paprika
½ gelbe Paprika

Turbo-LOGI
100 g Radieschen
50 g Cornichons
20 g alter Gouda (45 % Fett i. Tr.)
20 g Mortadella
1 TL Olivenöl
Salz und Cayennepfeffer nach Geschmack
2 Stängel glatte Petersilie
½ rote Paprika
½ gelbe Paprika

LOGI klassisch

1. Die Radieschen putzen und waschen. Die Cornichons abtropfen lassen. Radieschen, Cornichons, Käse und Mortadella in kleine Würfel etwa gleicher Größe schneiden. In einer Schüssel vermischen.

2. Das Olivenöl darüberträufeln und mit Salz und Cayennepfeffer würzen.

3. Die Petersilie waschen, trocken tupfen und fein hacken.

4. Die Paprikas waschen, vierteln und das Kerngehäuse entfernen. Die Paprikaviertel mit dem Salat servieren und mit Petersilie bestreuen.

LOGI klassisch
1 Portion mit 375 g liefert 350 kcal, 17 g Protein, 25 g Fett, 13 g Kohlenhydrate.

Turbo-LOGI
1 Portion mit 350 g liefert 255 kcal, 12 g Protein, 16 g Fett, 13 g Kohlenhydrate.

Omelette mit Paprika und Champignons

Für 1 Person

LOGI klassisch

¼ rote Paprika
¼ grüne Paprika
50 g Champignons
3 Eier (Größe M)
Salz und schwarzer Pfeffer nach Geschmack
1 TL Butter
15 g geriebener Mozzarella
getrocknete italienische Kräuter nach Geschmack, z. B. Thymian, Rosmarin

Turbo-LOGI

¼ rote Paprika
¼ grüne Paprika
50 g Champignons
2 Eier (S)
Salz und schwarzer Pfeffer nach Geschmack
1 TL Butter
10 g geriebener Mozzarella
getrocknete italienische Kräuter, z. B. Thymian, Rosmarin

LOGI klassisch

1. Die Paprikas waschen, putzen und in ganz feine Streifen schneiden.
2. Die Champignons putzen, säubern, halbieren und in feine Scheiben schneiden.
3. Die Eier in einer Schüssel mit dem Schneebesen verquirlen und mit Salz und Pfeffer würzen.
4. Die Butter in einer beschichteten Pfanne zerlassen, die Paprikastreifen und die Champignonscheiben hinzufügen und 1–2 Minuten anbraten. Die Eier eingießen und bei geringer Hitze stocken lassen. Mit Mozzarella und italienischen Kräutern bestreuen.

Turbo-LOGI

Zubereitung wie bei LOGI klassisch.

LOGI klassisch

1 Portion mit 315 g liefert 340 kcal, 25 g Protein, 23 g Fett, 7 g Kohlenhydrate.

Turbo-LOGI

1 Portion mit 255 g liefert 250 kcal, 18 g Protein, 17 g Fett, 6 g Kohlenhydrate.

Gurkenscheiben mit Thunfischcreme

Für 1 Person

LOGI klassisch
200 g Gurke
Salz
90 g Thunfisch (aus der Dose, im eigenen Saft)
60 g Frischkäse (17 % Fett)
1 EL Olivenöl
1 EL Zitronensaft
1 TL Kräuter der Provence
1 Frühlingszwiebel
roter Pfeffer nach Geschmack

Turbo-LOGI
150 g Gurke
Salz
75 g Thunfisch (aus der Dose, im eigenen Saft)
50 g Frischkäse (17 % Fett)
1 TL Olivenöl
1 EL Zitronensaft
1 TL Kräuter der Provence
1 Frühlingszwiebel
roter Pfeffer nach Geschmack

LOGI klassisch

1. Die Gurke putzen, schälen und längs in 5 dünne Scheiben schneiden. Die Scheiben nebeneinanderlegen, mit etwas Salz bestreuen und etwa 5 Minuten ziehen lassen.

2. Den Thunfisch abtropfen lassen, mit Küchenpapier das Wasser herausziehen und den Thunfisch mit einer Gabel zerpflücken. In einer Schüssel Thunfisch, Frischkäse, Olivenöl, Zitronensaft und Kräuter der Provence gut verrühren.

3. Die Frühlingszwiebel putzen, waschen und das Grüne in feine Röllchen schneiden. Das Weiße anderweitig verwenden.

4. Die Gurkenscheiben mit Küchenpapier trocken tupfen und jeweils mit Thunfischcreme bestreichen, mit Frühlingszwiebelröllchen garnieren und nach Geschmack mit rotem Pfeffer bestreuen.

Turbo-LOGI

Zubereitung wie bei LOGI klassisch.

LOGI klassisch
1 Portion mit 360 g liefert
335 kcal, 29 g Protein, 21 g Fett,
6 g Kohlenhydrate.

Turbo-LOGI
1 Portion mit 280 g liefert
250 kcal, 24 g Protein, 14 g Fett,
5 g Kohlenhydrate.

Salatwraps mit Schinken und Tomaten

Für 1 Person

LOGI klassisch

3 große Blätter Eisbergsalat
9 Basilikumblätter
1 Strauchtomate
80 g Avocado
80 g Ricotta
3 dünne Scheiben (à 20 g) gekochter Schinken
Salz und schwarzer Pfeffer nach Geschmack

Turbo-LOGI

2 große Blätter Eisbergsalat
6 Basilikumblätter
1 kleine Strauchtomate
50 g Avocado
60 g Ricotta
2 dünne Scheiben (à 20 g) gekochter Schinken
Salz und schwarzer Pfeffer nach Geschmack

LOGI klassisch

1. Den Salat kalt abbrausen, mit Küchenpapier trocken tupfen und die Stielansätze abschneiden. Die Blätter auf einem Brett oder Teller anrichten.

2. Die Basilikumblätter waschen und trocken schütteln. Die Tomate waschen, den Stielansatz entfernen und das Fruchtfleisch in 6 Scheiben schneiden.

3. Die Avocado schälen, den Kern entfernen und das Fruchtfleisch in dünne Stifte schneiden.

4. Jeweils auf das untere Drittel jedes Salatblattes etwas Ricotta verteilen. 1 Scheibe Schinken und 2 Scheiben Tomate, einige Avocadosticks sowie 3 Blätter Basilikum darauflegen. Das Salatblatt einmal von unten über die Füllung schlagen, die Ränder einklappen und das Blatt nach oben hin aufrollen.

Turbo-LOGI

Zubereitung wie bei LOGI klassisch, aber in Schritt 2 die Tomate in 4 Scheiben schneiden.

LOGI klassisch
1 Portion mit 420 g liefert
350 kcal, 23 g Protein, 20 g Fett, 12 g Kohlenhydrate.

Turbo-LOGI
1 Portion mit 350 g liefert
245 kcal, 16 g Protein, 15 g Fett, 9 g Kohlenhydrate.

RühREI auf Babyspinat

Für 1 Person

LOGI klassisch

75 g frischer Babyspinat
1 EL Olivenöl
geriebene Muskatnuss, Salz und schwarzer Pfeffer nach Geschmack
2 Eier (Größe M)
1 EL Milch (3,5 % Fett)
1 TL Butter
5 g geriebener Käse, z. B. Gouda

Turbo-LOGI

50 g frischer Babyspinat
geriebene Muskatnuss, Salz und schwarzer Pfeffer nach Geschmack
2 Eier (Größe S)
1 EL Milch (3,5 % Fett)
1 TL Butter

LOGI klassisch

1. Den Spinat waschen, verlesen, trocken schleudern und fächerförmig auf einem flachen Teller verteilen. Mit Olivenöl beträufeln und mit Muskat, Salz und Pfeffer würzen.

2. Die Eier in einer Schüssel mit dem Schneebesen mit der Milch verquirlen und mit 1 Prise Muskat, Salz und Pfeffer würzen. Die Butter in einer Pfanne zerlassen und die Eiermasse eingießen. Mit einem Pfannenwender das Ei immer wieder vom Rand zur Mitte schieben und stocken lassen.

3. Das Rührei auf dem Babyspinat verteilen und mit dem Käse bestreuen.

Turbo-LOGI

Zubereitung wie bei LOGI klassisch, aber in Schritt 1 das Olivenöl weglassen.

In Schritt 3 nicht mit Käse bestreuen.

LOGI klassisch
1 Portion mit 200 g liefert
330 kcal, 18 g Protein, 27 g Fett, 3 g Kohlenhydrate.

Turbo-LOGI
1 Portion mit 180 g liefert
255 kcal, 16 g Protein, 20 g Fett, 2 g Kohlenhydrate.

Gefüllte Romanaschiffchen mit Lachs und Avocado

Für 1 Person

LOGI klassisch
1 Ei (Größe M)
3 Blätter Römersalat
150 g Gurke
Salz nach Geschmack
60 g Avocado
100 g geräucherter Lachs
2 TL Zitronensaft
gehackter Dill und schwarzer Pfeffer nach Geschmack

Turbo-LOGI
1 Ei (Größe S)
2 Blätter Römersalat
100 g Gurke
Salz nach Geschmack
40 g Avocado
60 g geräucherter Lachs
2 TL Zitronensaft
gehackter Dill und schwarzer Pfeffer nach Geschmack

LOGI klassisch

1. Das Ei in einem Topf mit Wasser in 5–6 Minuten wachsweich kochen. Dann mit kaltem Wasser abschrecken, abkühlen lassen, pellen und dritteln.

2. Die Salatblätter abbrausen, mit Küchenpapier trocken tupfen und auf einem Brett oder Teller anrichten.

3. Die Gurke putzen und schälen. Mit dem Sparschäler der Länge nach in dünne Streifen hobeln und diese salzen.

4. Die Avocado schälen, den Kern entfernen und das Fruchtfleisch würfeln. Den Lachs in 2 cm breite Streifen schneiden.

5. Die Gurkenstreifen mit Küchenpapier abtupfen. Die Gurken- und die Lachsstreifen aufrollen. Die Salatblätter mit Gurke, Avocado und Lachs füllen und jeweils mit 1 Eidrittel belegen. Mit Zitronensaft beträufeln und mit Dill, Salz und Pfeffer würzen.

Turbo-LOGI

Zubereitung wie bei LOGI klassisch.

LOGI klassisch
1 Portion mit 315 g liefert 355 kcal, 30 g Protein, 24 g Fett, 5 g Kohlenhydrate.

Turbo-LOGI
1 Portion mit 245 g liefert 255 kcal, 21 g Protein, 17 g Fett, 4 g Kohlenhydrate.

Tomaten mit Krabbencreme und Käse

Für 1 Person

LOGI klassisch

3 große Strauchtomaten
2 Stängel glatte Petersilie
75 g Nordseekrabben
100 g Joghurt (3,5 % Fett)
1 TL Olivenöl
Salz und schwarzer Pfeffer nach Geschmack
30 g geraspelter Gouda

Turbo-LOGI

2 große Strauchtomaten
1 Stängel glatte Petersilie
50 g Nordseekrabben
75 g Joghurt (3,5 % Fett)
1 TL Olivenöl
Salz und schwarzer Pfeffer nach Geschmack
20 g geraspelter Gouda

LOGI klassisch

1. Die Tomaten waschen und oben jeweils einen Deckel abschneiden. Die Tomaten vorsichtig mit einem Messer und einem Löffel aushöhlen. Die Kerne mit der Flüssigkeit wegwerfen. Das Fruchtfleisch klein schneiden.

2. Die Petersilie waschen und trocken schütteln. Die Blätter von einem Stiel abzupfen und fein hacken, die Blätter vom zweiten Stiel abzupfen und grob zerkleinern.

3. Das Tomatenfleisch in einer Schüssel mit der gehackten Petersilie, den Krabben, dem Joghurt und dem Olivenöl vermischen und mit Salz und Pfeffer abschmecken.

4. Die Krabbencreme in die Tomaten füllen, mit Gouda und der grob zerpflückten Petersilie bestreuen.

Turbo-LOGI

Zubereitung wie bei LOGI klassisch.

LOGI klassisch
1 Portion mit 435 g liefert 335 kcal, 27 g Protein, 20 g Fett, 11 g Kohlenhydrate.

Turbo-LOGI
1 Portion mit 300 g liefert 245 kcal, 18 g Protein, 15 g Fett, 7 g Kohlenhydrate.

Eiweiß-Kraft-Müsli

Für 1 Person

LOGI klassisch

75 g Apfel, z. B. Braeburn
1 TL Olivenöl
1 TL Zimt
10 g Kürbiskerne
15 g feine Haferflocken
120 g Magerquark
4 EL Milch (3,5 % Fett)

Turbo-LOGI

50 g Äpfel, z. B. Braeburn
1 TL Olivenöl
1 TL Zimt
10 g Kürbiskerne
15 g feine Haferflocken
60 g Magerquark
2 EL Milch (3,5 % Fett)

LOGI klassisch

1. Den Apfel waschen, vom Kerngehäuse befreien und in 5 mm große Würfel schneiden. Das Olivenöl in einer beschichteten Pfanne erhitzen. Die Apfelwürfel und den Zimt hineingeben und 2–3 Minuten braten. Dann abkühlen lassen.

2. Die Kürbiskerne und die Haferflocken in einer beschichteten Pfanne ohne Fett anrösten.

3. Die Apfelwürfel in einer Schüssel mit den Kürbiskernen und den Haferflocken vermischen.

4. Den Quark und die Milch in einer Schüssel verrühren, in das Müsli geben und servieren.

Turbo-LOGI

Zubereitung wie bei LOGI klassisch.

LOGI klassisch
1 Portion mit 265 g liefert 325 kcal,
23 g Protein, 12 g Fett, 25 g Kohlenhydrate.

Turbo-LOGI
1 Portion mit 160 g liefert 250 kcal,
15 g Protein, 12 g Fett, 19 g Kohlenhydrate.

Ricotta-Vanille-Creme mit roten Früchten

Für 1 Person

LOGI klassisch

100 g gemischte Beeren, z. B. Erdbeeren, Himbeeren (frisch oder tiefgekühlt, ungezuckert)
5 g Pistazienkerne
100 g Ricotta
150 g Joghurt (3,5 % Fett)
1 TL gemahlene Vanille
20 g Granatapfelkerne

Turbo-LOGI

50 g gemischte Beeren, z. B. Erdbeeren, Himbeeren (frisch oder tiefgekühlt, ungezuckert)
5 g Pistazienkerne
50 g Ricotta
150 g Joghurt (3,5 % Fett)
½ TL gemahlene Vanille
20 g Granatapfelkerne

LOGI klassisch

1 Die TK-Beeren auftauen lassen. Die frischen Beeren verlesen, vorsichtig waschen und mit Küchenpapier trocken tupfen. Die Pistazienkerne hacken.

2 Den Ricotta in einer Schüssel mit Joghurt und gemahlener Vanille verrühren. Die Beeren unterheben. In eine Servierschale füllen und mit Pistazien und Granatapfelkernen bestreuen.

Turbo-LOGI

Zubereitung wie bei LOGI klassisch.

LOGI klassisch

1 Portion mit 370 g liefert
345 kcal, 16 g Protein, 22 g Fett,
20 g Kohlenhydrate.

Turbo-LOGI

1 Portion mit 275 g liefert
250 kcal, 12 g Protein, 15 g Fett,
15 g Kohlenhydrate.

Süße Cannelloni

Für 1 Person

LOGI klassisch
2 Eier (Größe M)
1 Prise Salz
2 EL Milch (3,5 % Fett)
1 Päckchen Vanillezucker
20 g Mehl
50 g frische Beeren, z. B. Erdbeeren
5 g Butter
20 g Frischkäse (Magerstufe)
Dessertring (Ø 12–15 cm)

LOGI klassisch

1. Die Eier mit Salz, Milch und Vanillezucker in einer Schüssel mit dem Schneebesen schaumig schlagen. Unter Rühren das Mehl zugeben. Den Teig 5–10 Minuten quellen lassen.

2. Währenddessen die Beeren waschen, verlesen, mit Küchenpapier trocken tupfen und längs halbieren.

3. Den Dessertring in eine beschichtete Pfanne setzen und die Butter darin erhitzen. Die Hälfte des Teiges einfließen lassen und bei geringer Hitze von jeder Seite 3–4 Minuten backen. Pfannkuchen aus der Pfanne nehmen und beiseitelegen. Mit dem restlichen Teig ebenso verfahren.

4. Die Pfannkuchen gleichmäßig mit Frischkäse bestreichen und die Beeren darauf verteilen. Dann die Pfannkuchen vorsichtig zu Cannelloni aufrollen.

Tipp:
Vervierfachen Sie das Rezept, dann haben Sie gleich für mehrere Frühstücke etwas. Den Frischkäse und die Beeren geben Sie aber erst vor dem Verzehr darauf.

LOGI klassisch
1 Portion mit 224 g liefert 335 kcal, 19 g Protein, 16 g Fett, 24 g Kohlenhydrate.

Blueberry-Ricotta-Shake

Für 1 Person

LOGI klassisch
150 g Blaubeeren
3–4 Minzblättchen
100 g Ricotta
50 g Magerquark
4 EL Milch (3,5 % Fett)
1 TL weißes Mandelmus
1 TL gemahlene Vanille

Turbo-LOGI
100 g Blaubeeren
3–4 Minzblättchen
80 g Ricotta
40 g Magerquark
3 EL Milch (3,5 % Fett)
1 TL weißes Mandelmus
1 TL gemahlene Vanille

LOGI klassisch

1. Die Blaubeeren und Minze waschen und mit Küchenpapier trocken tupfen.
2. Die Blaubeeren, Ricotta, Quark, Milch, Mandelmus und Vanille in einem Mixer pürieren.
3. Den Shake in ein Glas füllen und mit Minze garnieren.

Turbo-LOGI

Zubereitung wie bei LOGI klassisch.

LOGI klassisch
1 Portion mit 305 g liefert 300 kcal, 18 g Protein, 16 g Fett, 15 g Kohlenhydrate.

Turbo-LOGI
1 Portion mit 225 g liefert 235 kcal, 14 g Protein, 13 g Fett, 11 g Kohlenhydrate.

Suppen und Eintöpfe

Heiß geliebt und gern gelöffelt

Suppen und Eintöpfe stärken nicht nur unser Immunsystem, sie machen satt und wärmen uns in der kalten Jahreszeit von innen. Mit all den frischen Zutaten und dem leckeren Gemüse erleben Sie dabei viel Abwechslung. Deftige Eintöpfe, cremige Suppen, aromatische Klassiker – genießen Sie unsere leckeren Kreationen.

Griechischer Gemüse-Hackfleisch-Eintopf

Für 1 Person

LOGI klassisch

20 g schwarze Oliven (in Wasser eingelegt, ohne Stein)
100 g grüne Bohnen
1 gelbe Paprika
1 rote Spitzpaprika
50 g Zwiebel
1 EL Olivenöl
200 g gemischtes Hackfleisch
40 g Tomatenmark
200 ml passierte Tomaten
40 g Naturreis
½ TL scharfes Paprikapulver
Salz und schwarzer Pfeffer nach Geschmack
300 ml Gemüsebrühe
50 g Feta

LOGI klassisch

1. Die Oliven abtropfen lassen und halbieren. Die Bohnen waschen, putzen, eventuell die Fäden entfernen und die Bohnen halbieren.

2. Die Paprikas halbieren, putzen, waschen und in mundgerechte Stücke schneiden. Die Zwiebel schälen und hacken.

3. In einem hohen Topf das Öl erhitzen, die Zwiebel darin 1–2 Minuten glasig dünsten. Das Hackfleisch hinzufügen und 3–5 Minuten anbraten. Bohnen, Paprikastücke, Olivenhälften und Tomatenmark dazugeben und unterrühren.

4. Die passierten Tomaten angießen und alles aufkochen lassen. Den Reis unterrühren. Mit Paprikapulver, Salz und Pfeffer nach Geschmack würzen und alles zugedeckt bei kleiner Hitze 15–20 Minuten köcheln lassen. Zwischendurch nach Bedarf Gemüsebrühe dazugießen.

5. Den Feta mit einer Gabel zerbröckeln. Den Eintopf mit Feta bestreuen und servieren.

LOGI klassisch
1 Portion mit 655 g liefert 575 kcal, 31 g Protein, 5 g Fett, 34 g Kohlenhydrate.

Spanische Muschelsuppe

Für 1 Person

LOGI klassisch

300 g frische Miesmuscheln
1 Schalotte
1 Knoblauchzehe
100 g Lauch
1 kleine (50 g) Möhre
2 EL Olivenöl
300 ml Fischfond (aus dem Glas)
120 ml trockener Weißwein (oder Wasser mit 1 TL Zitronensaft)
20 ml Sahne
¼ TL Safranfäden
300 ml Gemüsebrühe
Salz und schwarzer Pfeffer nach Geschmack
2 EL gehackte glatte Petersilie
1 Scheibe (30 g) Fladenbrot

Turbo-LOGI

150 g frische Miesmuscheln
1 kleine Schalotte
1 kleine Knoblauchzehe
50 g Lauch
1 kleine (50 g) Möhre
2 TL Olivenöl
150 ml Fischfond (aus dem Glas)
60 ml trockener Weißwein (oder Wasser mit 1 TL Zitronensaft)
10 ml Sahne
¼ TL Safranfäden
150 ml Gemüsebrühe
Salz und schwarzer Pfeffer nach Geschmack
1 EL gehackte glatte Petersilie

LOGI klassisch

1. Die Muscheln unter fließend kaltem Wasser gründlich waschen. Die Bärte herausziehen und die Muscheln ein weiteres Mal unter fließend kaltem Wasser waschen. Geöffnete Muscheln aussortieren.

2. Die Schalotte und den Knoblauch abziehen und fein würfeln. Den Lauch putzen und in Ringe schneiden. Die Ringe in einem Sieb gründlich spülen und abtropfen lassen. Die Möhre putzen, schälen und sehr fein würfeln.

3. In einem hohen Topf 1 EL Olivenöl erhitzen. Schalotte, Knoblauch, Lauchringe und Möhrenwürfel darin kurz anbraten. Mit Fischfond, Weißwein und Sahne ablöschen, alles aufkochen, mit Safran würzen und ca. 5 Minuten köcheln lassen.

4. Das restliche Olivenöl in einem weiteren hohen Topf erhitzen, die Muscheln darin kurz wenden. Gemüsebrühe dazugießen und aufkochen, mit Salz und Pfeffer würzen und Muscheln zugedeckt bei kleiner Hitze 8 Minuten kochen lassen. Die geöffneten Miesmuscheln mit einer Schaumkelle aus dem Sud nehmen und das Fleisch aus der Schale lösen. Geschlossene Muscheln aussortieren und wegwerfen! Das Muschelfleisch in die Suppe geben und alles kurz aufkochen.

5. Die Suppe mit Salz und Pfeffer abschmecken, mit gehackter Petersilie bestreuen und mit Fladenbrot servieren.

Turbo-LOGI

Zubereitung wie bei LOGI klassisch, aber in Schritt 3 in einem hohen Topf 1 TL Olivenöl erhitzen. In Schritt 5 auf das Fladenbrot verzichten.

LOGI klassisch
1 Portion mit 750 g liefert 555 kcal, 30 g Protein, 27 g Fett, 31 g Kohlenhydrate.

Turbo-LOGI
1 Portion mit 560 g liefert 330 kcal, 20 g Protein, 17 g Fett, 13 g Kohlenhydrate.

Mediterranes Chili con Carne

Für 1 Person

LOGI klassisch

1 rote Paprika
1 rote Zwiebel
1 kleine Knoblauchzehe
2 TL Olivenöl
120 g Rinderhackfleisch
Chilipulver und Salz nach Geschmack
200 g stückige Tomaten (aus der Dose)
1 EL Tomatenmark
1 Msp. rosenscharfes Paprikapulver
1 Msp. getrockneter Majoran
1 Msp. getrockneter Oregano
1 Msp. getrockneter Thymian
1 Msp. getrocknetes Basilikum
30 g Mais (aus der Dose)
50 g Kidneybohnen (aus der Dose)
½ Bund krause Petersilie
schwarzer Pfeffer nach Geschmack

LOGI klassisch

1. Die Paprika waschen, putzen und in Würfel schneiden. Die Zwiebel und den Knoblauch abziehen und hacken.

2. 1 TL Olivenöl in einer Pfanne erhitzen und das Hackfleisch darin 3–5 Minuten anbraten. Mit Chilipulver und Salz würzen.

3. Das restliche Olivenöl in einem Topf erhitzen, Zwiebel, Knoblauch und Paprikawürfel darin dünsten. Das Hackfleisch zufügen und anbraten. Die stückigen Tomaten und das Tomatenmark einrühren. Mit Paprikapulver, Majoran, Oregano, Thymian, Basilikum, Salz und Chilipulver würzen und 5 Minuten aufkochen.

4. Den Mais in einem Sieb abtropfen lassen. Die Kidneybohnen durch ein Sieb abgießen, abspülen und ebenfalls abtropfen lassen. Beides zum Chili geben und alles bei niedriger Hitze weitere 20–30 Minuten köcheln lassen. Mit Pfeffer abschmecken.

5. Die Petersilie waschen, trocken tupfen, grob hacken und vor dem Verzehr auf das Chili streuen.

Turbo-LOGI

Zubereitung wie bei LOGI klassisch.

Turbo-LOGI

½ rote Paprika
½ rote Zwiebel
½ Knoblauchzehe
2 TL Olivenöl
75 g Rinderhackfleisch
Chilipulver und Salz nach Geschmack
150 g stückige Tomaten (aus der Dose)
1 EL Tomatenmark
1 Msp. rosenscharfes Paprikapulver
1 Msp. getrockneter Majoran
1 Msp. getrockneter Oregano
1 Msp. getrockneter Thymian
1 Msp. getrocknetes Basilikum
20 g Mais (aus der Dose)
30 g Kidneybohnen (aus der Dose)
½ Bund krause Petersilie
schwarzer Pfeffer nach Geschmack

LOGI klassisch
1 Portion mit 625 g liefert 550 kcal, 35 g Protein, 29 g Fett, 30 g Kohlenhydrate.

Turbo-LOGI
1 Portion mit 425 g liefert 360 kcal, 23 g Protein, 22 g Fett, 20 g Kohlenhydrate.

Blumenkohlsuppe mit Cheddar und Speck

Für 1 Person

LOGI klassisch
400 g Blumenkohl
1 EL Olivenöl
Salz und schwarzer Pfeffer nach Geschmack
½ Zwiebel
1 Knoblauchzehe
1 Zweig Thymian
10 g Butter
400 ml Gemüsebrühe
30 ml Sahne
25 g Frühstücksspeck
25 g geriebener Cheddar
2 EL frisch gehackter Koriander

Turbo-LOGI
250 g Blumenkohl
1 TL Olivenöl
Salz und schwarzer Pfeffer nach Geschmack
¼ Zwiebel
1 kleine Knoblauchzehe
½ Zweig Thymian
5 g Butter
300 ml Gemüsebrühe
20 ml Sahne
15 g Frühstücksspeck
15 g geriebener Cheddar
1 EL frisch gehackter Koriander

LOGI klassisch

1. Den Backofen auf 180 °C Ober-/Unterhitze (160 °C Umluft) vorheizen. Ein Backblech mit Backpapier auslegen.

2. Den Blumenkohl putzen, waschen, gut abtropfen lassen und in kleine Röschen teilen. Auf das Backblech legen und mit dem Olivenöl beträufeln. Mit etwas Salz und Pfeffer würzen. Die Röschen im Ofen (Mitte) etwa 15 Minuten rösten, bis der Blumenkohl leicht braun wird.

3. In der Zwischenzeit die Zwiebel und den Knoblauch abziehen und hacken. Den Thymian waschen, trocken schütteln und die Blättchen abzupfen.

4. Die Butter in einem hohen Topf erhitzen und Zwiebel, Knoblauch und Thymian darin 2–3 Minuten andünsten. Den gerösteten Blumenkohl hinzugeben. Mit der Gemüsebrühe und der Sahne aufgießen und alles etwa 10 Minuten köcheln lassen.

5. Währenddessen den Speck in einer beschichteten Pfanne ohne Fett kross braten. Auf Küchenpapier abtropfen lassen und klein brechen.

6. Die Blumenkohlsuppe mit dem Stabmixer grob pürieren. Mit Salz und Pfeffer abschmecken. Zum Schluss den Cheddar und den Speck unterrühren und mit Koriander bestreut servieren.

Turbo-LOGI

Zubereitung wie bei LOGI klassisch.

LOGI klassisch
1 Portion mit 880 g liefert
560 kcal, 23 g Protein, 43 g Fett,
16 g Kohlenhydrate.

Turbo-LOGI
1 Portion mit 590 g liefert
340 kcal, 15 g Protein, 24 g Fett,
12 g Kohlenhydrate.

Lauch-Sellerie-Cremesuppe mit Ziegenfrischkäse

Für 1 Person

LOGI klassisch
1 Zwiebel
300 g Lauch
50 g Staudensellerie
10 g Butter
100 ml Weißwein
250 ml heißes Wasser
50 g Ziegenfrischkäse
50 ml Sahne
Salz und schwarzer Pfeffer nach Geschmack

Turbo-LOGI
½ Zwiebel
200 g Lauch
30 g Staudensellerie
5 g Butter
100 ml Weißwein
200 ml heißes Wasser
50 g Ziegenfrischkäse
25 ml Sahne
Salz und schwarzer Pfeffer nach Geschmack

LOGI klassisch

1. Die Zwiebel schälen und würfeln. Den Lauch putzen, gründlich waschen und in dünne Scheiben schneiden. Den Staudensellerie putzen, waschen und in feine Stücke schneiden. 1 EL davon zur Seite stellen.

2. Die Butter in einem hohen Topf zerlassen. Die Zwiebel bei niedriger Hitze darin glasig dünsten. Lauch und Sellerie zugeben und 3 Minuten lang anschwitzen. Mit Weißwein und Wasser ablöschen und alles zugedeckt bei niedriger Hitze 15 Minuten köcheln lassen.

3. Den Ziegenfrischkäse und die Sahne in die Suppe rühren und diese mit dem Stabmixer sämig pürieren. Mit Salz und Pfeffer abschmecken. Erneut bei niedriger Hitze 5 Minuten köcheln lassen. Die Suppe mit dem restlichen Sellerie bestreut servieren.

Turbo-LOGI

Zubereitung wie bei LOGI klassisch.

LOGI klassisch
1 Portion mit 640 g liefert 545 kcal, 21 g Protein, 36 g Fett, 18 g Kohlenhydrate.

Turbo-LOGI
1 Portion mit 400 g liefert 350 kcal, 15 g Protein, 23 g Fett, 11 g Kohlenhydrate.

Kokos-Brokkoli-Suppe mit Thunfisch

Für 1 Person

LOGI klassisch
1 daumengroßes Stück frischer Ingwer
300 g Brokkoli
1 EL Olivenöl
100 ml Kokosmilch
100 ml heißes Wasser
Salz und bunter Pfeffer nach Geschmack
1 (100 g) Thunfischsteak

Turbo-LOGI
1 daumengroßes Stück frischer Ingwer
200 g Brokkoli
1 TL Olivenöl
50 ml Kokosmilch
150 ml heißes Wasser
Salz und bunter Pfeffer nach Geschmack
1 kleines (60 g) Thunfischsteak

LOGI klassisch

1. Den Ingwer schälen und reiben. Den Brokkoli putzen, waschen und in kleine Röschen teilen. Das Olivenöl in einem hohen Topf erhitzen. Den Ingwer und die Brokkoliröschen darin ca. 5 Minuten andünsten.

2. 1 Brokkoliröschen herausnehmen. Kokosmilch und Wasser hinzufügen, die Suppe mit dem Stabmixer pürieren, mit Salz und Pfeffer abschmecken und weitere 10–15 Minuten köcheln lassen.

3. Den Thunfisch kalt abbrausen, mit Küchenpapier trocken tupfen und in 1 cm große Würfel schneiden. Diese zusammen mit dem Brokkoliröschen in die Suppe geben und weitere 5 Minuten köcheln lassen.

Turbo-LOGI

Zubereitung wie bei LOGI klassisch.

LOGI klassisch
1 Portion mit 710 g liefert 615 kcal,
37 g Protein, 44 g Fett, 13 g Kohlenhydrate.

Turbo-LOGI
1 Portion mit 455 g liefert 345 kcal,
22 g Protein, 24 g Fett, 8 g Kohlenhydrate.

Italienische Minestrone

Für 1 Person

LOGI klassisch

1 große Zwiebel
1 Knoblauchzehe
1 (100 g) Möhre
50 g Staudensellerie
50 g Erbsen (tiefgekühlt oder aus der Dose)
50 g weiße Bohnen (aus der Dose)
20 grüne Oliven (in Wasser eingelegt, ohne Stein)
80 g Feta
1 EL Olivenöl
400 g stückige Tomaten (aus der Dose)
50 g Ricotta
Salz und schwarzer Pfeffer nach Geschmack
200 ml heißes Wasser
3–4 Basilikumblättchen
10 g geriebener Parmesan

Turbo-LOGI

½ Zwiebel
½ Knoblauchzehe
1 (80 g) Möhre
50 g Staudensellerie
30 g Erbsen (tiefgekühlt oder aus der Dose)
40 g weiße Bohnen (aus der Dose)
10 g grüne Oliven (in Wasser eingelegt, ohne Stein)
50 g Feta
1 EL Olivenöl
250 g stückige Tomaten (aus der Dose)
30 g Ricotta
Salz und schwarzer Pfeffer nach Geschmack
200 ml heißes Wasser
3–4 Basilikumblättchen
5 g geriebener Parmesan

LOGI klassisch

1. Die Zwiebel und den Knoblauch schälen und hacken.

2. Die Möhre putzen, schälen und in Scheiben schneiden. Den Sellerie putzen, waschen und in mundgerechte Stücke schneiden. Die Erbsen, die Bohnen und die Oliven in einem Sieb abtropfen lassen. Die Oliven in Scheiben schneiden. Den Feta zerbröseln.

3. Das Olivenöl in einem hohen Topf erhitzen, die Zwiebel und den Knoblauch darin glasig dünsten, den Sellerie und die Möhren unterrühren und etwa 2 Minuten garen.

4. Die Bohnen, die Erbsen und die Oliven in den Topf geben und weitere 2 Minuten garen. Den Feta zugeben. Die stückigen Tomaten und den Ricotta einrühren. Mit Salz und Pfeffer abschmecken. Suppe bei niedriger Hitze und mit geschlossenem Deckel 15 Minuten köcheln lassen. Gelegentlich umrühren und nach Bedarf heißes Wasser hinzufügen.

5. Das Basilikum waschen und mit Küchenpapier trocken tupfen. Die Minestrone mit dem Parmesan und dem Basilikum bestreut servieren.

Turbo-LOGI

Zubereitung wie bei LOGI klassisch.

LOGI klassisch
1 Portion mit 810 g liefert 560 kcal, 30 g Protein, 33 g Fett, 29 g Kohlenhydrate.

Turbo-LOGI
1 Portion mit 615 g liefert 345 kcal, 20 g Protein, 20 g Fett, 22 g Kohlenhydrate.

Cremige Pilzsuppe mit Thymian

Für 1 Person

LOGI klassisch

2 Frühlingszwiebeln
500 g Pilze, z. B. Champignons, Pfifferlinge
½ Bund Schnittlauch
10 Zweige Thymian
2 EL Olivenöl
1 EL Mehl
300 ml Wasser
150 g Quark (20 % Fett i. Tr.)
2 EL Zitronensaft
Salz und schwarzer Pfeffer nach Geschmack

Turbo-LOGI

1 Frühlingszwiebel
300 g Pilze, z. B. Champignons, Pfifferlinge
½ Bund Schnittlauch
6 Zweige Thymian
1 EL Olivenöl
1 EL Mehl
300 ml Wasser
100 g Quark (20 % Fett i. Tr.)
1 EL Zitronensaft
Salz und schwarzer Pfeffer nach Geschmack

LOGI klassisch

1. Die Frühlingszwiebeln putzen, waschen und in feine Ringe schneiden. Die Pilze putzen, säubern und in mundgerechte Stücke oder Scheiben schneiden. Den Schnittlauch und den Thymian waschen und trocken schütteln. Schnittlauch in Röllchen schneiden und die Blätter vom Thymian abzupfen.

2. Das Öl in einem hohen Topf erhitzen, die Zwiebel darin kurz andünsten, die Pilze und den Thymian dazugeben und etwa 2 Minuten garen.

3. 2 EL der gebratenen Pilze als Einlage aus dem Topf nehmen.

4. Das Mehl gut einrühren, bis keine Klumpen mehr vorhanden sind. Wasser angießen und umrühren. Zugedeckt 5 Minuten köcheln lassen, dabei gelegentlich umrühren und nach Bedarf heißes Wasser hinzufügen.

5. Den Quark einrühren und die Suppe mit dem Stabmixer pürieren.

6. Die Suppe nochmals kurz aufkochen und mit Salz, Pfeffer und dem Zitronensaft abschmecken. Mit Schnittlauch bestreuen und mit der Einlage servieren.

Turbo-LOGI

Zubereitung wie bei LOGI klassisch.

LOGI klassisch
1 Portion mit 1085 g liefert
505 kcal, 40 g Protein, 29 g Fett,
15 g Kohlenhydrate.

Turbo-LOGI
1 Portion mit 820 g liefert
335 kcal, 30 g Protein, 16 g Fett,
9 g Kohlenhydrate.

Kürbissuppe mit Granatapfelkernen

Für 1 Person

LOGI klassisch

250 g Hokkaido-Kürbis
1 Zwiebel
1 EL Olivenöl
200 ml Gemüsebrühe
½ Granatapfel (oder 2 EL Kerne)
2–3 Stängel glatte Petersilie
75 ml Sahne
150 g Magerquark
Salz und schwarzer Pfeffer nach Geschmack
½ TL weißer Sesam

Turbo-LOGI

250 g Hokkaido-Kürbis
1 kleine Zwiebel
1 TL Olivenöl
200 ml Gemüsebrühe
¼ Granatapfel (oder 1 EL Kerne)
2–3 Stängel glatte Petersilie
30 ml Sahne
100 g Magerquark
Salz und schwarzer Pfeffer nach Geschmack
½ TL weißer Sesam

LOGI klassisch

1. Den Kürbis waschen, entkernen und klein schneiden. Zwiebel abziehen und würfeln.

2. Das Öl in einem hohen Topf erhitzen. Die Zwiebeln darin glasig anschwitzen. Den Kürbis hineingeben und kurz anbraten.

3. Die Brühe angießen und die Suppe zugedeckt bei schwacher Hitze ca. 20 Minuten köcheln lassen.

4. Den Granatapfel unter fließend kaltem Wasser mit den Fingern in kleine Stücke brechen und 2 EL Kerne herauslösen. Petersilie waschen, trocken schütteln, die Blättchen abzupfen und hacken.

5. Die Suppe mit dem Stabmixer fein pürieren. Sahne und Quark unterrühren. Nochmals kurz aufkochen lassen, mit Salz und Pfeffer abschmecken. Suppe mit Granatapfelkernen, Petersilie und Sesam bestreut servieren.

Turbo-LOGI

Zubereitung wie bei LOGI klassisch.

LOGI klassisch

1 Portion mit 720 g liefert
545 kcal, 26 g Protein, 36 g Fett,
25 g Kohlenhydrate.

Turbo-LOGI

1 Portion mit 600 g liefert
305 kcal, 18 g Protein, 16 g Fett,
19 g Kohlenhydrate.

HOME
HOME

Salate

Bunt ist gesund. Salate zählen zu den gesündesten und variationsreichsten Mahlzeiten überhaupt. Gerade bei einer Diät sollte Salat daher nicht fehlen. Sie nehmen nicht nur viele Vitalstoffe auf, sondern füllen auch Ihren Magen mit einer großen Nahrungsmenge, und das mit wenigen Kalorien.

Also Gabel raus, denn hier kommen köstliche Salatrezepte, nicht nur für die warme Jahreszeit.

Feldsalat mit krossen Kichererbsen-Nuggets

Für 1 Person

LOGI klassisch

Für die Nuggets:

3 Zweige Thymian
60 g Kichererbsenmehl
½ TL Salz
180 ml kaltes Wasser
1 EL Butter

Für den Salat:

50 g Feldsalat (oder Rucola)
1 kleine rote Zwiebel
1 Strauchtomate
50 g Champignons
50 g Radieschen
20 g Pinienkerne

Für das Dressing:

50 g Quark (20 % Fett i. Tr.)
50 g Joghurt (3,5 % Fett)
1 EL Milch (3,5 % Fett)
1 EL Zitronensaft
1 EL heller Aceto balsamico
1 TL Olivenöl
1 schwach gehäufter TL milder Senf
Salz und schwarzer Pfeffer nach Geschmack

LOGI klassisch

1. Ein Backblech mit Backpapier auslegen. Den Thymian waschen, trocken schütteln und die Blätter abzupfen.

2. Das Kichererbsenmehl und Salz in einen Topf geben und verrühren. Unter ständigem Rühren das kalte Wasser vorsichtig untermischen, sodass sich keine Klumpen bilden. Den Topf auf eine Herdplatte stellen und unter Rühren kurz aufkochen lassen. Dann sofort die Temperatur auf niedrige Hitze drehen. Thymian unter den Teig heben und 7–10 Minuten weiterrühren, bis die Masse fast fest wird.

3. Den Kichererbsenteig auf das Backblech geben und mit einem feuchten Esslöffel so verteilen, dass der Teig eine Höhe von 1–1,5 cm erreicht. Den Teig etwa 20 Minuten erkalten und fest werden lassen.

4. Aus dem Kichererbsenteig nun 2 cm große Rauten schneiden.

5. Den Salat verlesen, waschen, trocken schütteln und auf einem flachen Teller verteilen.

6. Die Zwiebel abziehen und in feine Ringe schneiden. Tomate waschen und vierteln, dabei den Stielansatz entfernen. Champignons putzen, säubern und in Scheiben schneiden. Radieschen putzen, waschen und in dünne Scheiben hobeln. Zwiebelringe, Tomatenviertel, Champignon- und Radieschenscheiben auf dem Salat verteilen.

7. Die Pinienkerne in einer beschichteten Pfanne ohne Fett anrösten.

8. Für das Dressing alle Zutaten in einen Vinaigrette-Shaker oder ein Glas mit Schraubverschluss füllen und gut schütteln.

LOGI klassisch
1 Portion mit 485 g liefert 570 kcal, 31 g Protein, 30 g Fett, 40 g Kohlenhydrate.

Turbo-LOGI
1 Portion mit 350 g liefert 360 kcal, 22 g Protein, 17 g Fett, 25 g Kohlenhydrate

Turbo-LOGI

Für die Nuggets:
2 Zweige Thymian
40 g Kichererbsenmehl
½ TL Salz
120 ml kaltes Wasser
1 TL Butter

Für den Salat:
40 g Feldsalat (oder Rucola)
1 kleine rote Zwiebel
½ Strauchtomate
40 g Champignons
40 g Radieschen
10 g Pinienkerne

Für das Dressing:
50 g Quark (20 % Fett i. Tr.)
25 g Joghurt (3,5 % Fett)
1 EL Milch (3,5 % Fett)
1 EL Zitronensaft
1 EL heller Aceto balsamico
1 schwach gehäufter TL milder Senf
Salz und schwarzer Pfeffer nach Geschmack

9 Die Butter in einer großen beschichteten Pfanne erhitzen. Die Kichererbsen-Nuggets darin bei hoher Temperatur beidseitig in etwa 7–8 Minuten goldgelb braten. Die warmen Nuggets auf dem Salat verteilen. Das Dressing darüberträufeln und mit Pinienkernen bestreuen. Bei Bedarf mit Salz und Pfeffer nachwürzen.

Turbo-LOGI

Zubereitung wie bei LOGI klassisch.

Feldsalat mit gratiniertem Sesam-Ziegenkäse

Für 1 Person

LOGI klassisch

Für den Salat:
60 g Feldsalat
100 g Ziegenkäserolle
1 TL Honig
2 EL heller Sesam
100 g Champignons
1 TL Olivenöl
Salz und schwarzer Pfeffer nach Geschmack
80 g Cocktailtomaten

Für das Dressing:
2 EL dunkler Aceto balsamico
1 Msp. Salz
1 TL Dijon-Senf
1 EL Olivenöl
2 EL Wasser

Turbo-LOGI

Für den Salat:
50 g Feldsalat
60 g Ziegenkäserolle
½ TL Honig
1 EL heller Sesam
100 g Champignons
1 TL Olivenöl
Salz und schwarzer Pfeffer nach Geschmack
60 g Cocktailtomaten

Für das Dressing:
2 EL dunkler Aceto balsamico
1 Msp. Salz
1 TL Dijon-Senf
1 TL Olivenöl
2 EL Wasser

LOGI klassisch

1. Den Backofen auf 180 °C Oberhitze (160 °C Umluft) vorheizen. Ein Backblech mit Backpapier auslegen.
2. Den Feldsalat verlesen, waschen, trocken schütteln und auf einem Teller anrichten.
3. Den Ziegenkäse in 2 cm dicke Scheiben schneiden, diese beidseitig mit Honig bepinseln und im Sesam wenden. Die Ziegenkäse-Taler auf das Backblech legen und im Ofen (Mitte) etwa 5–8 Minuten backen, bis der Käse zu zerlaufen beginnt. Dann herausnehmen.
4. Die Champignons putzen, säubern und in feine Scheiben schneiden. Das Öl in einer beschichteten Pfanne erhitzen, die Champignons darin andünsten. Mit Salz und Pfeffer würzen.
5. Die Tomaten waschen, halbieren und zusammen mit den Champignons auf dem Feldsalat anrichten.
6. Für das Dressing den Essig und das Salz in einer Schüssel verrühren. Dijon-Senf und Öl unterschlagen und Soße bei Bedarf mit etwas Wasser verdünnen.
7. Den Salat mit dem Dressing beträufeln und mit den Ziegenkäse-Talern servieren.

Turbo-LOGI

Zubereitung wie bei LOGI klassisch.

LOGI klassisch
1 Portion mit 390 g liefert
565 kcal, 25 g Protein, 46 g Fett,
12 g Kohlenhydrate.

Turbo-LOGI
1 Portion mit 305 g liefert
335 kcal, 18 g Protein, 25 g Fett,
8 g Kohlenhydrate.

Auberginensalat mit Granatapfel und Feta

Für 1 Person

LOGI klassisch

Für den Salat:

etwas Olivenöl zum Bestreichen
1 (ca. 400 g) Aubergine
Salz und schwarzer Pfeffer nach Geschmack
1 Frühlingszwiebel
½ (ca. 100 g) Granatapfel
1 Bund glatte Petersilie
25 g schwarze Oliven (in Wasser eingelegt, ohne Stein)
90 g Feta

Für das Dressing:

1 Zitrone
1 Knoblauchzehe
2 EL Olivenöl

Turbo-LOGI

Für den Salat:

etwas Olivenöl zum Bestreichen
1 (ca. 300 g) Aubergine
Salz und schwarzer Pfeffer nach Geschmack
1 Frühlingszwiebel
50 g Granatapfel
1 Bund glatte Petersilie
10 g schwarze Oliven (in Wasser eingelegt, ohne Stein)
60 g Feta

Für das Dressing:

1 Zitrone
1 Knoblauchzehe
1 EL Olivenöl

LOGI klassisch

1. Den Backofen auf 200 °C Ober-/Unterhitze (Umluft 180 °C) vorheizen. Ein Backblech mit Alufolie auslegen und diese mit etwas Öl bestreichen.

2. Die Aubergine putzen, waschen, längs in ca. 1 cm dicke Scheiben schneiden und diese auf das Blech legen. Mit Salz und Pfeffer würzen. Im Ofen (oben) 10–15 Minuten backen. Zwischendurch die Scheiben einmal wenden.

3. Inzwischen die Frühlingszwiebel putzen, waschen und in feine Ringe schneiden. Den Granatapfel halbieren, mit den Fingern unter fließend kaltem Wasser in kleinere Stücke brechen und die Kerne herauslösen. Die Petersilie waschen und trocken schütteln, die Blätter abzupfen und fein hacken. Die Oliven in einem Sieb abtropfen lassen und in Scheiben schneiden. Den Feta mit einer Gabel zerbröckeln.

4. Für das Dressing den Saft der Zitrone auspressen und in eine Schüssel geben. Den Knoblauch abziehen und zum Zitronensaft pressen, beides mit dem Olivenöl verrühren.

5. Die Auberginenscheiben in mundgerechte Stücke schneiden und mit Frühlingszwiebeln, Granatapfelkernen, Oliven und Petersilie in einer Schüssel vermengen. Alles mit dem Dressing mischen, mit Salz und Pfeffer würzen und 10 Minuten ziehen lassen.

6. Den Salat auf einem Teller anrichten und mit Feta bestreuen.

Turbo-LOGI

Zubereitung wie bei LOGI klassisch.

LOGI klassisch
1 Portion mit 640 g liefert
555 kcal, 22 g Protein, 38 g Fett,
26 g Kohlenhydrate.

Turbo-LOGI
1 Portion mit 455 g liefert
340 kcal, 14 g Protein, 21 g Fett,
19 g Kohlenhydrate.

Orangen-Rote-Bete-Salat mit Gorgonzola und Walnüssen

Für 1 Person

LOGI klassisch

10 g Honig
20 g Walnusskerne
½ (75 g) Orange
100 g Rote Bete (gekocht, vakuumverpackt)
100 g Chicorée
75 g Gorgonzola
1 EL Olivenöl
2 EL heller Aceto balsamico
Salz nach Geschmack
Gummihandschuhe

LOGI klassisch

1. In einem kleinen Topf den Honig zerlassen und die Walnusskerne darin karamellisieren. Topf vom Herd nehmen, die Nüsse erkalten lassen und hacken.

2. Die Orange schälen, auch die weiße Haut entfernen und Orange quer in Scheiben schneiden. Gummihandschuhe anziehen, die Roten Beten abtropfen lassen, waschen und in Scheiben schneiden. Den Chicorée putzen, quer in ca. 1 cm breite Streifen schneiden, diese waschen und in einem Sieb abtropfen lassen. Den Gorgonzola in ca. 1 cm große Würfel schneiden.

3. Alle vorbereiteten Zutaten in eine Schüssel geben. Olivenöl und Essig in einer Tasse verrühren, den Salat damit anmachen und nach Geschmack mit Salz würzen.

LOGI klassisch
1 Portion mit 485 g liefert 545 kcal, 21 g Protein, 39 g Fett, 25 g Kohlenhydrate.

Rucolasalat mit Beeren und Mozzarella

Für 1 Person

LOGI klassisch

Für den Salat:

100 g Rucola
50 g Blaubeeren
125 g Mozzarella
20 g Pekannusskerne
15 g Cranberrys

Für das Dressing:

1 EL Zitronensaft
Salz und schwarzer Pfeffer nach Geschmack
2 EL Olivenöl

Turbo-LOGI

Für den Salat:

75 g Rucola
30 g Blaubeeren
75 g Mozzarella
10 g Pekannusskerne
10 g Cranberrys

Für das Dressing:

1 TL Zitronensaft
Salz und schwarzer Pfeffer nach Geschmack
1 EL Olivenöl

LOGI klassisch

1. Den Rucola verlesen, waschen und trocken schütteln. Die Beeren waschen und mit Küchenpapier trocken tupfen. Den Mozzarella abtropfen lassen und in Stückchen zerreißen.

2. Die Pekannusskerne in einer beschichteten Pfanne ohne Fett anrösten und grob hacken.

3. Rucola, Blaubeeren, Mozzarella, Pekannüsse und Cranberrys in einer Schüssel vermischen und auf einem Teller anrichten.

4. Für das Dressing den Zitronensaft in einer Schüssel mit Salz und Pfeffer verrühren. Das Öl unterschlagen. Das Dressing über den Salat träufeln.

Turbo-LOGI

Zubereitung wie bei LOGI klassisch.

LOGI klassisch
1 Portion mit 355 g liefert 615 kcal, 29 g Protein, 45 g Fett, 23 g Kohlenhydrate.

Turbo-LOGI
1 Portion mit 220 g liefert 360 kcal, 16 g Protein, 29 g Fett, 12 g Kohlenhydrate.

Gebratene Avocado und Feigen auf Rucola mit Bresaola

Für 1 Person

LOGI klassisch

Für den Salat:

100 g Rucola
50 g Bresaola in Scheiben (luftgetrockneter Rinderschinken)
100 g Avocado
100 g Feigen
15 g Butter
Salz und schwarzer Pfeffer nach Geschmack
5 g Honig

Für das Dressing:

1 Zweig Thymian
1 EL dunkler Aceto balsamico
Salz nach Geschmack
1 EL Olivenöl
5 g Honig
1 TL Dijon-Senf
1 EL Milch (3,5 % Fett)

LOGI klassisch

1. Den Rucola verlesen, waschen und abtropfen lassen. Die Bresaolascheiben aufrollen und halbieren.

2. Die Avocado halbieren und den Stein entfernen. Die Avocadohälften schälen und das Fruchtfleisch in ca. 2 cm dicke Spalten schneiden. Die Feigen waschen, den Stiel entfernen und die Früchte vierteln.

3. In einer beschichteten Pfanne 5 g Butter zerlassen, die Avocadospalten darin von beiden Seiten goldgelb anbraten. Mit Salz und Pfeffer würzen.

4. In einer zweiten beschichteten Pfanne die restliche Butter und den Honig erhitzen, die Feigen darin 30 Sekunden schwenken.

5. Für das Dressing den Thymian waschen, trocken schütteln und die Blätter abzupfen. Essig, etwas Salz, Öl, Honig, Thymian, Senf und Milch in einem Vinaigrette-Shaker oder einem Schraubdeckelglas zu einer Soße schütteln.

6. Den Rucola in einer Schüssel mit dem Dressing vermischen und auf einem Teller anrichten. Avocadospalten, Feigen und Bresaolaröllchen darauf verteilen. Nach Geschmack noch mit Salz und Pfeffer würzen.

LOGI klassisch

1 Portion mit 440 g liefert 555 kcal, 18 g Protein, 47 g Fett, 29 g Kohlenhydrate.

Kichererbsensalat mit Chili, Minze und Manchego

Für 1 Person

LOGI klassisch

Für den Salat:

100 g Kichererbsen (aus der Dose)
10 g schwarze Oliven (in Wasser eingelegt, ohne Stein)
1 rote Zwiebel
¼ (100 g) Gurke
1 Frühlingszwiebel
75 g Cocktailtomaten
½ gelbe Paprika
1 rote Chilischote
60 g Manchego (am Stück)
½ Bund Minze

Für das Dressing:

1 EL heller Aceto balsamico
Salz und weißer Pfeffer nach Geschmack
1 EL Olivenöl
1 TL Honig
1 TL abgeriebene Schale von 1 Bio-Zitrone
1 EL Zitronensaft
Chilipulver nach Geschmack

LOGI klassisch

1. Die Kichererbsen und die Oliven in einem Sieb abtropfen lassen. Die Oliven halbieren. Die Zwiebel und die Gurke schälen. Die Gurke klein würfeln und die Zwiebel in Ringe schneiden. Die Frühlingszwiebel putzen, waschen und in Ringe schneiden.

2. Die Tomaten waschen und vierteln. Paprika und Chilischote längs aufschneiden, putzen, waschen und das Kerngehäuse entfernen. Die Paprika klein würfeln. Die Chilischote in Streifen schneiden. Den Käse klein würfeln.

3. Die vorbereiteten Zutaten in einer Schüssel vermischen. Die Minze waschen und trocken schütteln, die Blätter abzupfen, hacken und unter den Salat mischen.

4. Für das Dressing den Essig mit Salz, Pfeffer, Olivenöl, Honig, Zitronenschale und -saft in einer Schüssel verrühren. Den Salat mit dem Dressing mischen und nach Belieben mit Chilipulver, Salz und Pfeffer abschmecken.

Turbo-LOGI

Zubereitung wie bei LOGI klassisch.

Turbo-LOGI

Für den Salat:

50 g Kichererbsen (aus der Dose)
10 g schwarze Oliven (in Wasser eingelegt, ohne Stein)
1 rote Zwiebel
¼ (100 g) Gurke
1 Frühlingszwiebel
75 g Cocktailtomaten
½ gelbe Paprika
1 rote Chilischote
40 g Manchego (am Stück)
½ Bund Minze

Für das Dressing:

1 EL heller Aceto balsamico
Salz und weißer Pfeffer nach Geschmack
1 TL Olivenöl
1 TL Honig
1 TL abgeriebene Schale von 1 Bio-Zitrone
1 EL Zitronensaft
Chilipulver nach Geschmack

LOGI klassisch
1 Portion mit 535 g liefert 540 kcal, 25 g Protein, 32 g Fett, 30 g Kohlenhydrate.

Turbo-LOGI
1 Portion mit 460 g liefert 340 kcal, 18 g Protein, 20 g Fett, 22 g Kohlenhydrate.

Glasierte Tomaten auf Feldsalat mit Rindfleischstreifen und Feta

Für 1 Person

LOGI klassisch

50 g Feldsalat
50 g Feta
1 (120 g) Rindersteak
2 EL Olivenöl
Salz und bunter Pfeffer nach Geschmack
100 g Cocktailtomaten
1 Knoblauchzehe
1 TL Zucker
1 EL Butter
1 EL heller Aceto balsamico

Turbo-LOGI

50 g Feldsalat
30 g Feta
1 kleines (80 g) Rindersteak
2 TL Olivenöl
Salz und bunter Pfeffer nach Geschmack
80 g Cocktailtomaten
1 Knoblauchzehe
1 TL Zucker
1 TL Butter
1 EL heller Aceto balsamico

LOGI klassisch

1. Den Feldsalat verlesen, waschen und trocken schütteln. Den Feta abtropfen lassen und würfeln.

2. Das Rindfleisch in schmale Streifen schneiden. 1 EL Olivenöl in einer beschichteten Pfanne erhitzen, das Rindfleisch rundum 4–6 Minuten scharf anbraten und mit Salz und Pfeffer würzen.

3. Die Tomaten waschen und trocken tupfen. Den Knoblauch abziehen und pressen. Zucker in einer kleinen Pfanne schmelzen. Die Butter beigeben und aufschäumen lassen. Mit Aceto balsamico ablöschen. Den Knoblauch hinzufügen und kurz andünsten. Die Tomaten hinzufügen, 3–5 Minuten in der Pfanne schwenken und mit Salz und Pfeffer abschmecken.

4. Alle Zutaten vermischen, mit dem restlichen Olivenöl beträufeln und mit Salz und Pfeffer abschmecken.

Turbo-LOGI

Zubereitung wie bei LOGI klassisch. Nur in Schritt 2 1 TL Öl verwenden.

LOGI klassisch

1 Portion mit 350 g liefert 585 kcal, 44 g Protein, 41 g Fett, 8 g Kohlenhydrate.

Turbo-LOGI

1 Portion mit 270 g liefert 355 kcal, 29 g Protein, 24 g Fett, 8 g Kohlenhydrate.

Salat mit Pute und gegrilltem Gemüse

Für 1 Person

LOGI klassisch

Für den Salat:
3 EL Olivenöl
½ TL Hähnchengewürz
1 dünnes (200 g) Putensteak
½ rote Paprika
½ gelbe Paprika
100 g Zucchini
Salz nach Geschmack
50 g Cocktailtomaten
50 g Friséesalat

Für das Dressing:
2 EL Gewürzgurkenwasser
1 TL Zucker
2 EL Olivenöl
Salz und weißer Pfeffer nach Geschmack

Turbo-LOGI

Für den Salat:
3 EL Olivenöl
½ TL Hähnchengewürz
1 dünnes (125 g) Putensteak
½ rote Paprika
½ gelbe Paprika
100 g Zucchini
Salz nach Geschmack
50 g Cocktailtomaten
50 g Friséesalat

Für das Dressing:
2 EL Gewürzgurkenwasser
1 TL Zucker
1 EL Olivenöl
Salz und weißer Pfeffer nach Geschmack

LOGI klassisch

1. Das Olivenöl in einer Schüssel mit dem Hähnchengewürz verrühren und das Putensteak darin etwa 1 Stunde marinieren. Kurz vor der Zubereitung das Steak aus der Marinade heben und etwas abtropfen lassen.

2. Den Backofen auf 200 °C Grillstufe vorheizen. Einen Ofenrost mit Alufolie belegen.

3. Die Paprikas waschen, putzen und in 2–3 cm lange Stücke schneiden. Zucchini putzen, waschen und in 1 cm dicke Scheiben schneiden. Die Paprikas und die Zucchini salzen, auf dem Ofenrost verteilen und im Ofen (oben) 5–7 Minuten grillen, dann wenden, wieder salzen und weitere 5–7 Minuten grillen. Anschließend den Ofen auf 150 °C Grillstufe stellen.

4. In der Zwischenzeit eine beschichtete Pfanne bei mittlerer Temperatur erhitzen. Das marinierte Putensteak darin 4–5 Minuten von beiden Seiten anbraten. Das Fleisch in mundgerechte Stücke schneiden und weitere 15 Minuten im Ofen mit dem Gemüse garen.

5. Währenddessen die Tomaten waschen und trocken tupfen. Den Salat waschen, verlesen und etwas zerkleinern. Das Fleisch und das Gemüse aus dem Ofen holen und kurz ruhen lassen. Dann alle Zutaten in einer Schüssel vermischen.

6. Für das Dressing das Gewürzgurkenwasser, Zucker, Öl und 1 Prise Salz in einer kleinen Schüssel verrühren. Das Dressing über den Salat träufeln. Nach Geschmack noch mit mehr Salz und Pfeffer würzen.

Turbo-LOGI

Zubereitung wie bei LOGI klassisch.

LOGI klassisch
1 Portion mit 575 g liefert
510 kcal, 53 g Protein, 23 g Fett,
18 g Kohlenhydrate.

Turbo-LOGI
1 Portion mit 490 g liefert
340 kcal, 35 g Protein, 12 g Fett,
18 g Kohlenhydrate.

Krabbenfrikadellen auf Brechbohnensalat

Für 1 Person

LOGI klassisch

Für den Salat:
100 g Brechbohnen (aus der Dose)
½ Zwiebel
½ rote Paprika

Für das Dressing:
1 EL heller Aceto balsamico
1 EL Olivenöl
1 flacher TL Zucker
1 TL getrocknetes Bohnenkraut
Salz und schwarzer Pfeffer nach Geschmack

Für die Frikadellen:
100 g Krabben
1 Eigelb (Größe M)
1 EL frisch geriebener Parmesan
25 g Frischkäse (70 % Fett i. Tr.)
10 g Mehl
1 EL Kräuter der Provence
1 EL Tomatenmark
Salz und schwarzer Pfeffer nach Geschmack
10 g Butter
etwas frischer Dill zum Garnieren

LOGI klassisch

1. Die Bohnen in einem Sieb abtropfen lassen. Die Zwiebel schälen, die Paprika waschen, putzen und beides fein würfeln. Die Bohnen, die Zwiebel- und die Paprikawürfel in einer Schüssel vermischen und auf einem Teller anrichten.

2. Für das Dressing Essig, Öl, Zucker und Bohnenkraut in einer Schüssel verrühren und mit Salz und Pfeffer abschmecken.

3. Die Krabben waschen, mit Küchenpapier trocken tupfen und in einer Schüssel mit dem Stabmixer pürieren. Eigelb, Parmesan, Frischkäse, Mehl, Kräuter der Provence, Tomatenmark, Salz und Pfeffer unter die Krabbenmasse kneten.

4. Die Butter in einer beschichteten Pfanne erhitzen, aus der Krabbenmasse 6 Frikadellen formen und diese bei geringer Hitze von jeder Seite 6–8 Minuten braten.

5. Das Dressing über den Salat träufeln und die Frikadellen auf dem Salat anrichten.

LOGI klassisch
1 Portion mit 505 g liefert
620 kcal, 33 g Protein, 41 g Fett,
30 g Kohlenhydrate.

Salat mit Garnelen, Cashewnüssen und Zitronenvinaigrette

Für 1 Person

LOGI klassisch

Für den Salat:

100 g Salat, z. B. Radicchio, Frisée, Romana
50 g Cocktailtomaten
25 g schwarze Oliven (in Wasser eingelegt, ohne Stein)
30 g Cashewnüsse
150 g rohe Garnelen
1 Knoblauchzehe
1 EL Olivenöl
Salz und Pfeffer nach Geschmack

Für das Dressing:

1 EL Zitronensaft
2 EL Olivenöl
½ TL Honig
½ TL milder Senf
1 TL abgeriebene Schale einer Bio-Zitrone

LOGI klassisch

1. Den Salat waschen, verlesen und trocken schütteln. Die Tomaten waschen, mit Küchenpapier trocken tupfen und vierteln. Oliven abtropfen lassen und in Scheiben schneiden. Cashewnüsse in einer kleinen beschichteten Pfanne ohne Fett anrösten. Die vorbereiteten Zutaten in einer Schüssel vermischen.

2. Die Garnelen kalt abbrausen, mit Küchenpapier abtupfen und, falls noch vorhanden, den schwarzen Darm entfernen. Knoblauch abziehen und pressen.

3. Das Olivenöl in einer Pfanne erhitzen und den Knoblauch kurz darin anbraten. Die Garnelen hinzufügen, 2–3 Minuten braten und unter den Salat heben.

4. Für das Dressing Zitronensaft, Öl, Honig, Senf und Zitronenabrieb in einer Schüssel verrühren. Das Dressing über den Salat träufeln. Nach Geschmack mit etwas Salz und Pfeffer würzen.

Turbo-LOGI

Zubereitung wie bei LOGI klassisch. Nur in Schritt 4 das Wasser miteinrühren.

Turbo-LOGI

Für den Salat:

100 g Salat, z. B. Radicchio, Frisée, Romana
50 g Cocktailtomaten
20 g schwarze Oliven (in Wasser eingelegt, ohne Stein)
20 g Cashewnüsse
100 g rohe Garnelen
1 Knoblauchzehe
1 TL Olivenöl
Salz und Pfeffer nach Geschmack

Für das Dressing:

1 EL Zitronensaft
1 EL Olivenöl
1 EL Wasser
½ TL Honig
½ TL milder Senf
1 TL abgeriebene Schale einer Bio-Zitrone

LOGI klassisch
1 Portion mit 380 g liefert
520 kcal, 36 g Protein, 35 g Fett, 13 g Kohlenhydrate.

Turbo-LOGI
1 Portion mit 310 g liefert
340 kcal, 25 g Protein, 24 g Fett, 10 g Kohlenhydrate.

Fisch und Meerestiere

Meer-Power: Sie sind nicht nur lecker und vielfältig im Geschmack, sie versorgen unseren Körper auch mit wichtigen Nährstoffen, wie gesunden Fettsäuren, wertvollem Eiweiß, lebensnotwendigen Vitaminen und Mineralstoffen. Fisch und Meerestiere sind das Herzstück einer LOGI-Ernährung. Besonders in fettreichen Fischsorten sind die wertvollen Omega-3-Fettsäuren enthalten. Kochen Sie nach unseren Rezepten und Ihr Körper gelangt in eine gute Omega-3-Balance.

Scharfer Lachs mit Rucola und Kürbispüree

Für 1 Person

LOGI klassisch

Für das Püree:
200 g Hokkaido-Kürbis
1 EL Butter
100 ml Gemüsebrühe
50 ml ungesüßte Kokosmilch
50 ml Orangensaft
Salz und schwarzer Pfeffer nach Geschmack

Für den Lachs:
¼ Chilischote
1 EL Honig
2 EL Olivenöl
1 EL Zitronensaft
3 EL Sojasoße
150 g Lachsfilet mit Haut

Für den Salat:
50 g Rucola
1 EL Olivenöl
Salz und schwarzer Pfeffer nach Geschmack

LOGI klassisch

1. Den Kürbis schälen, entkernen und in kleine Würfel schneiden. Die Butter in einem Topf schmelzen. Den Kürbis darin unter Rühren andünsten. Gemüsebrühe, Kokosmilch und Orangensaft zugießen, salzen, pfeffern und den Kürbis etwa 20 Minuten bei schwacher Hitze köcheln lassen. Danach mit dem Stabmixer pürieren.

2. Für die Marinade die Chilischote waschen, entkernen und ganz fein hacken. In einem tiefen Teller Honig, 1 EL Olivenöl, Zitronensaft, gehackte Chili und Sojasauce verrühren. Das Lachssteak darin wenden und 10 Minuten ziehen lassen.

3. Den Lachs aus der Marinade heben und abtropfen lassen. Das restliche Olivenöl in einer beschichteten Pfanne erhitzen und das Lachsfilet mit der Hautseite nach unten bei mittlerer Hitze etwa 5 Minuten anbraten, dann wenden und 1 weitere Minute braten.

4. Den Rucola waschen, verlesen, trocken schütteln und auf einem Teller anrichten, mit Olivenöl beträufeln und mit Salz und Pfeffer würzen.

5. Das Lachsfilet und das Kürbispüree zum Salat anrichten.

Turbo-LOGI

Zubereitung wie bei LOGI klassisch.

Turbo-LOGI

Für das Püree:
100 g Hokkaido-Kürbis
1 TL Butter
50 ml Gemüsebrühe
25 ml ungesüßte Kokosmilch
25 ml Orangensaft
Salz und schwarzer Pfeffer nach Geschmack

Für den Lachs:
¼ Chilischote
1 EL Honig
2 EL Olivenöl
1 EL Zitronensaft
3 EL Sojasoße
100 g Lachsfilet mit Haut

Für den Salat:
50 g Rucola
1 TL Olivenöl
Salz und schwarzer Pfeffer nach Geschmack

LOGI klassisch
1 Portion mit 620 g liefert 600 kcal, 34 g Protein, 43 g Fett, 16 g Kohlenhydrate.

Turbo-LOGI
1 Portion mit 360 g liefert 345 kcal, 22 g Protein, 24 g Fett, 8 g Kohlenhydrate.

Seezunge mit Salbeibutter, Peperonata und Kräuter-Zitronen-Couscous

Für 1 Person

LOGI klassisch
½ kleine Bio-Zitrone
60 ml Wasser
Salz nach Geschmack
25 g Couscous
1 EL frisch gehackte glatte Petersilie
1 EL frisch gehacktes Basilikum
4 TL Olivenöl
weißer Pfeffer nach Geschmack
½ gelbe Paprika
½ rote Paprika
1 kleine Knoblauchzehe
1 EL heller Aceto balsamico
½ TL Chilipulver
1 TL frische Thymianblättchen
6–8 Salbeiblätter
1 (150 g) Seezungenfilet (ohne Haut)
1 TL Zitronensaft
15 g Butter
1 Prise Zucker
2–3 Zitronenscheiben

LOGI klassisch

1. Den Backofen auf 200 °C Ober-/ Unterhitze (180 °C Umluft) vorheizen.

2. Die Zitrone heiß waschen, trocken tupfen und die Schale abreiben. Den Saft auspressen und in einem Topf mit dem Wasser und etwas Salz aufkochen, dann vom Herd nehmen. Den Couscous unter Rühren einstreuen und 5–10 Minuten quellen lassen. Dann abkühlen lassen. Anschließend Petersilie, Basilikum, Zitronenschale und 1 TL Olivenöl unterrühren. Couscous mit Salz und Pfeffer würzen.

3. Die Paprikas waschen, putzen, halbieren und mit der Hautseite nach oben auf ein Backblech mit Backpapier legen. Im Ofen (Mitte) 15 Minuten backen, bis die Haut schwarze Blasen wirft. Die Paprika herausnehmen, mit einem feuchten Tuch abdecken und abkühlen lassen. Die Paprikaviertel häuten und in große Stücke schneiden.

4. Den Knoblauch abziehen. Den Essig mit 2 TL Olivenöl, Chilipulver, Thymian, Salz und Pfeffer in einer großen Schüssel verrühren. Den Knoblauch dazupressen und unterrühren. Das Dressing mit den Paprikastücken vermischen. Die Peperonata 20–30 Minuten ziehen lassen.

5. Inzwischen die Salbeiblätter waschen und trocken schütteln. Das Seezungenfilet kalt abbrausen, mit Küchenpapier trocken tupfen, mit Zitronensaft beträufeln und salzen. 1 TL Olivenöl in einer beschichteten Pfanne erhitzen, die Seezungenfilets darin von beiden Seiten jeweils 5 Minuten goldgelb anbraten.

LOGI klassisch

1 Portion mit 405 g liefert 575 kcal, 31 g Protein, 36 g Fett, 27 g Kohlenhydrate.

Turbo-LOGI

1 Portion mit 280 g liefert 360 kcal, 21 g Protein, 21 g Fett, 18 g Kohlenhydrate.

Turbo-LOGI

½ kleine Bio-Zitrone
40 ml Wasser
Salz nach Geschmack
15 g Couscous
1 TL frisch gehackte glatte Petersilie
1 TL frisch gehacktes Basilikum
3 TL Olivenöl
weißer Pfeffer nach Geschmack
60 g gelbe Paprika
60 g rote Paprika
½ Knoblauchzehe
1 EL heller Aceto balsamico
½ TL Chilipulver
1 TL frische Thymianblättchen
3–4 Salbeiblätter
1 (100 g) Seezungenfilet (ohne Haut)
1 TL Zitronensaft
5 g Butter
1 Prise Zucker
2–3 Zitronenscheiben

6 Gleichzeitig die Butter in einem kleinen Topf erhitzen und den Salbei darin kurz schwenken. Mit Zucker und etwas Salz würzen.

7 Seezungenfilets mit Salbeibutter beträufeln, mit Zitronenscheiben garnieren und auf der Peperonata anrichten. Mit Kräuter-Zitronen-Couscous servieren.

Turbo-LOGI

Zubereitung wie bei LOGI klassisch, nur in Schritt 4 den Essig mit 1 TL Olivenöl, Chilipulver, Thymian, Salz und Pfeffer verrühren.

Kabeljau im Kräutermantel mit Spargel und Mandelbutter

Für 1 Person

LOGI klassisch

100 g neue Kartoffeln
1 Zweig Rosmarin
3 TL Olivenöl
Meersalz nach Geschmack
500 g weißer Spargel
1 Prise Zucker
½ Zitrone
1 (150 g) Kabeljaufilet
1 Ei (Größe S)
2 EL frisch gehackte Kräuter, z. B. Thymian, Petersilie, Rosmarin, Salbei
schwarzer Pfeffer nach Geschmack
10 g Mehl
15 g Butter
5 g gehackte Mandeln

LOGI klassisch

1. Den Backofen auf 200 °C Ober-/Unterhitze (180 °C Umluft) vorheizen. Ein Backblech mit Backpapier auslegen.

2. Die Kartoffeln gründlich waschen und längs halbieren. Den Rosmarin waschen und trocken schütteln, die Nadeln abzupfen und fein hacken.

3. Das Backpapier mit 1 TL Olivenöl bestreichen, mit Meersalz und Rosmarin bestreuen. Die Kartoffeln mit der Schnittseite nach unten auf das Backblech legen, leicht andrücken. Die Oberseite der Kartoffeln mit 1 TL Olivenöl bestreichen. Im Ofen (Mitte) 40 Minuten backen.

4. Inzwischen den Spargel schälen und die holzigen Enden abschneiden. Den Spargel in reichlich kochendem Salzwasser mit dem Zucker 10–15 Minuten garen.

5. Den Saft der Zitrone auspressen. Das Fischfilet kalt abbrausen und mit Küchenpapier trocken tupfen. Mit dem Zitronensaft beträufeln und salzen.

6. Das Ei in einer Schüssel mit den Kräutern, Salz und Pfeffer nach Geschmack mit dem Schneebesen verquirlen. Das Fischfilet mit Mehl bestäuben und durch das Kräuterei ziehen. In einer beschichteten Pfanne das restliche Öl erhitzen, das Filet darin von beiden Seiten in 3–5 Minuten goldgelb braten.

7. In einem kleinen Topf die Butter zerlassen. Die Mandeln dazugeben und unter Rühren die Butter bräunen. Den Spargel auf einem Teller anrichten und die Mandelbutter darüberträufeln. Den Fisch und die Kartoffeln dazugeben.

LOGI klassisch

1 Portion mit 820 g liefert
610 kcal, 44 g Protein, 31 g Fett,
34 g Kohlenhydrate.

Doradenfilet in Weinblättern

Für 1 Person

LOGI klassisch

6–8 eingelegte Weinblätter (aus dem Glas)
4 TL Olivenöl
1¼ Zweige Rosmarin
1 rote Zwiebel
25 g schwarze oder grüne Oliven (in Wasser eingelegt, ohne Stein)
100 g Cocktailtomaten
100 g Kartoffeln
1 TL Zitronensaft
Salz und Cayennepfeffer nach Geschmack
1 (150 g) Doradenfilet
2 Zitronenscheiben
30 ml trockener Weißwein
Auflaufform (32 x 20 cm)

Turbo-LOGI

3–4 eingelegte Weinblätter (aus dem Glas)
3 TL Olivenöl
1¼ Zweige Rosmarin
1 rote Zwiebel
20 g schwarze oder grüne Oliven (in Wasser eingelegt, ohne Stein)
80 g Cocktailtomaten
1 kleine (60 g) Kartoffel
1 TL Zitronensaft
Salz und Cayennepfeffer nach Geschmack
1 (100 g) Doradenfilet
2 Zitronenscheiben
20 ml trockener Weißwein
Auflaufform (32 x 20 cm)

LOGI klassisch

1. Den Backofen auf 200 °C Ober-/Unterhitze (180 °C Umluft) vorheizen.

2. Die Weinblätter unter fließend kaltem Wasser waschen, von den Stielen befreien und mit Küchenpapier trocken tupfen. Eine Auflaufform mit 1 TL Olivenöl einfetten. Die Weinblätter so in die Form legen, dass sie über den Rand hinausreichen und die Form ausfüllen.

3. Den Rosmarin waschen und trocken tupfen, die Nadeln von ¼ Zweig abzupfen und fein hacken. Die Zwiebel abziehen, halbieren und in feine Streifen schneiden. Die Oliven abtropfen lassen und in Scheiben schneiden. Die Tomaten waschen und halbieren. Die Kartoffeln schälen, in dünne Scheiben schneiden und auf den Weinblättern verteilen.

4. Den Zitronensaft mit 1 TL Olivenöl, gehacktem Rosmarin, Salz und Cayennepfeffer nach Geschmack in einer Schüssel verquirlen. Das Doradenfilet unter fließend kaltem Wasser abbrausen, mit Küchenpapier trocken tupfen, mit etwas Zitronenmarinade bestreichen und auf die Kartoffelscheiben legen. Zwiebelstreifen, Tomatenhälften, Oliven- und Zitronenscheiben auf dem Fischfilet verteilen. Wein und übrige Zitronenmarinade darübergießen und 1 Zweig Rosmarin darauflegen. Den Fisch mit Salz und Cayennepfeffer würzen.

5. Die Weinblätter über den Fisch klappen, mit 1 TL Olivenöl bestreichen. Den Fisch im Ofen (Mitte) 30–40 Minuten backen. Dann herausnehmen, die aufliegenden trockenen Weinblätter entfernen, den Fisch mit dem restlichen Olivenöl beträufeln und nach Geschmack mit Salz und Cayennepfeffer würzen.

LOGI klassisch

1 Portion mit 485 g liefert
536 kcal, 36 g Protein, 30 g Fett,
22 g Kohlenhydrate.

Turbo-LOGI

1 Portion mit 340 g liefert
360 kcal, 24 g Protein, 21 g Fett,
15 g Kohlenhydrate.

Turbo-LOGI

Zubereitung wie bei LOGI klassisch, nur in Schritt 5 die Weinblätter über den Fisch klappen und nicht mit Olivenöl bestreichen.

Gebratener Zander mit Erbsen-Auberginen-Gemüse

Für 1 Person

LOGI klassisch

½ (200 g) Aubergine
40 g Frühlingszwiebeln
1 kleine Knoblauchzehe
25 g halbgetrocknete Tomaten (aus dem Glas)
1 (150 g) Zanderfilet mit Haut
Salz und Cayennepfeffer nach Geschmack
1 TL Mehl
2 EL Olivenöl
30 g Tomatenmark
40 ml Sahne
75 g Erbsen (tiefgekühlt)
5 g Butter
1 EL gehacktes Basilikum

Turbo-LOGI

150 g Aubergine
20 g Frühlingszwiebeln
1 kleine Knoblauchzehe
15 g halbgetrocknete Tomaten (aus dem Glas)
1 (100 g) Zanderfilet mit Haut
Salz und Cayennepfeffer nach Geschmack
1 TL Mehl
2 TL Olivenöl
15 g Tomatenmark
20 ml Sahne
30 g Erbsen (tiefgekühlt)
5 g Butter
1 EL gehacktes Basilikum

LOGI klassisch

1 Die Aubergine putzen, waschen und in ca. 2 cm große Würfel schneiden. Die Frühlingszwiebeln putzen, waschen und in Ringe schneiden. Den Knoblauch abziehen und fein hacken. Die halbgetrockneten Tomaten in feine Streifen schneiden.

2 Das Fischfilet kalt abbrausen und mit Küchenpapier trocken tupfen. Mit Salz und Cayennepfeffer nach Geschmack würzen. Die Hautseite des Filets mit Mehl bestäuben.

3 In einer beschichteten Pfanne 1 EL Öl erhitzen. Die Frühlingszwiebeln, Knoblauch, getrocknete Tomaten und Auberginenwürfel darin 5 Minuten braten. Das Tomatenmark hinzufügen und kurz mitbraten. Sahne und unaufgetaute Erbsen dazugeben, mit Salz und Cayennepfeffer würzen. Das Gemüse bei kleiner Hitze 7–8 Minuten garen, dabei gelegentlich umrühren.

4 Inzwischen in einer zweiten beschichteten Pfanne das restliche Öl erhitzen, das Fischfilet darin mit der Hautseite nach unten bei mittlerer Hitze 4–5 Minuten braten. Die Butter hinzufügen. Den Fisch wenden und in 3–4 Minuten fertig braten.

5 Das Gemüse auf einem Teller anrichten und mit Basilikum bestreuen. Den Fisch darauflegen.

Turbo-LOGI

Zubereitung wie bei LOGI klassisch, nur in Schritt 3 1 TL Öl verwenden.

LOGI klassisch
1 Portion mit 580 g liefert
600 kcal, 41 g Protein, 37 g Fett,
25 g Kohlenhydrate.

Turbo-LOGI
1 Portion mit 370 g liefert
355 kcal, 25 g Protein, 22 g Fett,
15 g Kohlenhydrate.

Kabeljau auf Kräuterseitlingen und grünem Spargel

Für 1 Person

LOGI klassisch

150 g braune Kräuterseitlinge
250 g grüner Spargel
2 EL Olivenöl
Salz und schwarzer Pfeffer nach Geschmack
½ Zitrone
200 g Kabeljau
10 g Butter
2 Stängel Dill

Turbo-LOGI

100 g braune Kräuterseitlinge
200 g grüner Spargel
1½ EL Olivenöl
Salz und schwarzer Pfeffer nach Geschmack
½ Zitrone
120 g Kabeljau
10 g Butter
2 Stängel Dill

LOGI klassisch

1. Die Kräuterseitlinge putzen, mit einem Pinsel oder Küchenpapier leicht säubern, die angetrockneten Stielenden entfernen und die Pilze in feine Scheiben schneiden.

2. Den Spargel putzen, waschen und das untere Drittel schälen.

3. 1 EL Olivenöl in einer großen beschichteten Pfanne erhitzen. Spargelstangen und Kräuterseitlinge darin etwa 10 Minuten bei mittlerer Hitze unter gelegentlichem Wenden braten. Mit Salz und Pfeffer würzen.

4. Die Zitrone auspressen. Das Kabeljaufilet kalt abbrausen und mit Küchenpapier trocken tupfen. Mit Zitronensaft beträufeln und salzen. Das restliche Olivenöl in einer beschichteten Pfanne erhitzen, das Kabeljaufilet darin 2–3 Minuten braten. Den Fisch wenden und die Butter zugeben. Die aufschäumende Butter mit einem Löffel auf den Fisch träufeln.

5. Den Dill waschen und trocken schütteln.

6. Die Pilze und den Spargel auf einem Teller anrichten, das Filet daraufsetzen, mit Salz und Pfeffer würzen und mit Dill garnieren.

Turbo-LOGI

Zubereitung wie bei LOGI klassisch.

LOGI klassisch
1 Portion mit 630 g liefert
515 kcal, 46 g Protein, 30 g Fett,
9 g Kohlenhydrate.

Turbo-LOGI
1 Portion mit 470 g liefert
335 kcal, 29 g Protein, 20 g Fett,
7 g Kohlenhydrate.

Kabeljau auf Salat mit mediterranem Gemüse

Für 1 Person

LOGI klassisch
50 g Feldsalat
100 g Zucchini
½ rote Minipaprika
½ gelbe Minipaprika
½ orange Minipaprika
4–6 Zweige Thymian
3 EL Olivenöl
½ Zitrone
200 g Kabeljaufilet
Chiliflocken, Salz und schwarzer Pfeffer nach Geschmack
20 g gehobelter Parmesan

Turbo-LOGI
100 g Zucchini
½ rote Minipaprika
½ gelbe Minipaprika
½ orange Minipaprika
¼ rote Chilischote
3–4 Thymianzweige
3 TL Olivenöl
½ Zitrone
120 g Kabeljaufilet
Chiliflocken, Salz und schwarzer Pfeffer nach Geschmack
10 g gehobelter Parmesan

LOGI klassisch

1. Den Feldsalat verlesen, waschen und trocken schütteln. Die Zucchini putzen, waschen und in Scheiben schneiden. Die Paprikas putzen, waschen und in feine Streifen schneiden. Thymian waschen, trocken schütteln und die Blättchen abzupfen.

2. 1 EL Olivenöl in einer beschichteten Pfanne erhitzen und die Zucchinischeiben darin von beiden Seiten 3–4 Minuten braten.

3. Die Zitrone auspressen. Das Kabeljaufilet kalt abbrausen, mit Küchenpapier trocken tupfen, mit Zitronensaft beträufeln und mit Chiliflocken, Salz und Pfeffer würzen. 1 EL Olivenöl in einer weiteren beschichteten Pfanne erhitzen und den Kabeljau von beiden Seiten ca. 2 Minuten braten.

4. Den Feldsalat, Zucchini und Paprikas vorsichtig in einer Schüssel vermischen und auf einem Teller anrichten. Das restliche Olivenöl darüberträufeln. Den Fisch auf den Salat platzieren. Mit Parmesan und Thymian bestreuen und nach Belieben noch mit Salz und Pfeffer würzen.

Turbo-LOGI

Zubereitung wie bei LOGI klassisch, nur in Schritt 2 und 3 jeweils 1 TL Olivenöl anstelle 1 EL Olivenöl verwenden.

LOGI klassisch
1 Portion mit 460 g liefert
545 kcal, 45 g Protein, 38 g Fett,
5 g Kohlenhydrate.

Turbo-LOGI
1 Portion mit 355 g liefert
310 kcal, 28 g Protein, 20 g Fett,
4 g Kohlenhydrate.

Zander auf Ofenzucchini und Zuckerschoten

Für 1 Person

LOGI klassisch
100 g festkochende Kartoffeln
100 g Zuckerschoten
150 g Zucchini
1 Knoblauchzehe
2 EL Olivenöl
Chiliflocken, Salz und schwarzer Pfeffer nach Geschmack
2 EL frisch gehackte Kräuter, z. B. Thymian, Rosmarin
einige Basilikumblättchen
200 g Zanderfilet mit Haut

Turbo-LOGI
100 g festkochende Kartoffeln
50 g Zuckerschoten
150 g Zucchini
1 kleine Knoblauchzehe
2 TL Olivenöl
Chiliflocken, Salz und schwarzer Pfeffer nach Geschmack
2 EL frisch gehackte Kräuter, z. B. Thymian, Rosmarin
einige Basilikumblättchen
120 g Zanderfilet mit Haut

LOGI klassisch

1. Den Backofen auf 200 °C Ober-/Unterhitze (180 °C Umluft) vorheizen. Ein Backblech mit Backpapier auslegen.

2. Die Kartoffeln putzen, waschen und in Scheiben schneiden.

3. Die Zuckerschoten und die Zucchini putzen, waschen und die Zucchini in Scheiben schneiden. Den Knoblauch abziehen und fein hacken. Die Kartoffeln und Zucchini auf dem Backblech verteilen, 1 EL Olivenöl darüberträufeln und mit Knoblauch, Chiliflocken, Salz und Pfeffer würzen.

4. Das Gemüse im Ofen (Mitte) in 25 Minuten goldgelb backen. Dabei gelegentlich wenden. Währenddessen die Basilikumblätter waschen, trocken schütteln und fein hacken.

5. Das Zanderfilet kalt abbrausen, mit Küchenpapier trocken tupfen, auf der Fleischseite mit Salz und Pfeffer würzen. ½ EL Olivenöl in einer beschichteten Pfanne erhitzen, das Zanderfilet auf der Hautseite 2–3 Minuten braten. Den Fisch wenden und weitere 2 Minuten braten. Dann herausnehmen und zusammen mit den Zuckerschoten zum Gemüse auf das Blech legen, mit dem restlichen Olivenöl bestreichen und ca. 15 Minuten im Ofen backen.

6. Das Gemüse mit dem Fisch auf einem Teller anrichten und mit den gehackten Kräutern bestreuen.

Turbo-LOGI

Zubereitung wie bei LOGI klassisch, in Schritt 3 1 TL Olivenöl darüberträufeln.

In Schritt 6 das restliche Olivenöl zum Braten verwenden. Den Fisch für den Ofen nicht mit Öl bestreichen.

LOGI klassisch
1 Portion mit 570 g liefert 500 kcal, 44 g Protein, 22 g Fett, 29 g Kohlenhydrate.

Turbo-LOGI
1 Portion mit 430 g liefert 320 kcal, 28 g Protein, 11 g Fett, 24 g Kohlenhydrate.

Schellfisch in würziger Tomatensoße

Für 1 Person

LOGI klassisch

2 rote (250 g) Paprikas
20 g grüne Oliven (in Wasser eingelegt, ohne Stein)
20 g Kapern (aus dem Glas)
1 Knoblauchzehe
2 EL Olivenöl
400 g Tomatensoße (aus der Dose)
3 EL Tomatenmark
200 g Schellfisch
½ TL Zitronensaft
Salz nach Geschmack
2 TL getrockneter Oregano
schwarzer Pfeffer nach Geschmack
ein paar Majoranblättchen

Turbo-LOGI

2 rote (200 g) Paprikas
15 g grüne Oliven (in Wasser eingelegt, ohne Stein)
15 g Kapern (aus dem Glas)
1 Knoblauchzehe
1 EL Olivenöl
250 g Tomatensoße (aus der Dose)
2 EL Tomatenmark
120 g Schellfisch
½ TL Zitronensaft
Salz nach Geschmack
2 TL getrockneter Oregano
schwarzer Pfeffer nach Geschmack
ein paar Majoranblättchen

LOGI klassisch

1. Die Paprikas waschen, halbieren, putzen und in feine lange Streifen schneiden. Oliven und Kapern abtropfen lassen. Oliven in Scheiben schneiden. Knoblauch abziehen und pressen.

2. Das Olivenöl in einer beschichteten Pfanne erhitzen, den Knobauch kurz darin andünsten. Paprikastreifen hinzufügen und 3 Minuten braten. Die Kapern, Oliven, Tomatensoße und das Tomatenmark einrühren und 5 Minuten köcheln lassen.

3. Den Fisch kalt abbrausen und mit Küchenpapier trocken tupfen. Mit Zitronensaft beträufeln, salzen und in 3 Stücke teilen. Fischstücke in die Gemüsepfanne geben und ca. 15 Minuten köcheln lassen. Mit Oregano, Salz und Pfeffer abschmecken. Mit Majoranblättchen garniert servieren.

Turbo-LOGI

Zubereitung wie bei LOGI klassisch.

LOGI klassisch

1 Portion mit 940 g liefert
565 kcal, 46 g Protein, 27 g Fett,
30 g Kohlenhydrate.

Turbo-LOGI

1 Portion mit 630 g liefert
350 kcal, 28 g Protein, 15 g Fett,
22 g Kohlenhydrate.

Gebeizter Saibling mit Schnittlauchsoße

Für 1 Person

LOGI klassisch

Für den Fisch:

je 3 Streifen (fingerbreit und etwa 4 cm lang) Bio-Orangen- und Bio-Zitronenschale
½ TL Wacholderbeeren
1 TL schwarze Pfefferkörner
1 Bund Dill
½ Bund glatte Petersilie
½ TL Senfkörner
½ TL Korianderkörner
10 g Salz
10 g Zucker
150 g Saiblingsfilet mit Haut (oder Lachsfilet mit Haut)
1 EL Olivenöl

Für den Dip:

30 g Crème fraîche
50 ml Milch (3,5 % Fett)
1 TL scharfer Senf
1 TL Zitronensaft
1 EL Schnittlauchröllchen
Salz nach Geschmack
1 Prise Cayennepfeffer
300 g Gurke
2 EL heller Aceto balsamico
schwarzer Pfeffer nach Geschmack
1 TL Olivenöl

Auflaufform

LOGI klassisch

1. Die Zitronen- und Orangenschalen in dünne Stifte schneiden. Wacholderbeeren und Pfefferkörner etwas zerdrücken. Dill und Petersilie waschen, trocken schütteln, grob hacken und mit Senfkörnern, Korianderkörnern, Wacholderbeeren, Pfefferkörnern, Zitronen- und Orangenstiften, Salz und Zucker in einer Schüssel gut vermischen.

2. Das Saiblingsfilet kalt abbrausen, mit Küchenpapier trocken tupfen und mit der Hautseite nach unten in eine große Auflaufform legen. Die Beize großzügig über dem Fisch verteilen. Mit dem Olivenöl beträufeln.

3. Die Form mit Frischhaltefolie bedecken und den Fisch 8–12 Stunden, am besten über Nacht, im Kühlschrank ziehen lassen. Am nächsten Tag das Filet wenden und noch einmal mindestens 12 Stunden im Kühlschrank durchziehen lassen.

4. Für den Dip Crème fraîche, Milch, Senf, Zitronensaft und Schnittlauch in einer Schüssel gut verrühren und mit Salz und Cayennepfeffer würzen.

5. Die Gurke putzen, schälen und in dünne Scheiben hobeln. Essig in einer Schüssel mit Salz und Pfeffer verrühren, das Olivenöl unterschlagen. Die Gurken mit diesem Dressing vermischen.

6. Die Beize vom Fisch entfernen, das Fischfilet kurz unter kaltem Wasser abbrausen und mit Küchenpapier trocken tupfen. Kurz vor dem Servieren in hauchdünne Scheiben schneiden. Die Haut dabei entfernen. Dip und Salat separat zum Fisch reichen.

Turbo-LOGI

Zubereitung wie bei LOGI klassisch.

Turbo-LOGI

Für den Fisch:

je 3 Streifen (fingerbreit und etwa 4 cm lang) Bio-Orangen- und Bio-Zitronenschale
½ TL Wacholderbeeren
1 TL schwarze Pfefferkörner
1 Bund Dill
½ Bund glatte Petersilie
½ TL Senfkörner
½ TL Korianderkörner
10 g Salz
5 g Zucker
80 g Saiblingsfilet mit Haut (oder Lachsfilet mit Haut)
1 TL Olivenöl

Für den Dip:

20 g Crème fraîche
50 ml Milch (3,5 % Fett)
½ TL scharfer Senf
½ TL Zitronensaft
1 TL Schnittlauchröllchen
Salz nach Geschmack
1 Prise Cayennepfeffer
250 g Gurke
1 EL heller Aceto balsamico
schwarzer Pfeffer nach Geschmack
1 TL Olivenöl

Auflaufform

LOGI klassisch

1 Portion mit 585 g liefert 580 kcal, 36 g Protein, 42 g Fett, 14 g Kohlenhydrate.

Turbo-LOGI

1 Portion mit 440 g liefert 355 kcal, 21g Protein, 24 g Fett, 11g Kohlenhydrate.

Garnelen-Spieße auf exotischem Fruchtbett

Für 1 Person

LOGI klassisch

je 1 rote und gelbe Paprika
50 g Mango
1 Orange, am besten Blutorange
150 g rohe Garnelen
Salz, schwarzer Pfeffer und Currypulver nach Geschmack
2 EL Olivenöl
Chilipulver und roter Pfeffer nach Geschmack
4 Holzspieße

Turbo-LOGI

je ½ rote und gelbe Paprika
30 g Mango
1 kleine Orange, am besten Blutorange
120 g rohe Garnelen
Salz, schwarzer Pfeffer und Currypulver nach Geschmack
2 TL Olivenöl
Chilipulver und roter Pfeffer nach Geschmack
2 Holzspieße

LOGI klassisch

1. Die Paprikas putzen und waschen. Die Mango schälen und das Fruchfleisch vom Kern schneiden. Paprikas und Mango in mundgerechte Würfel schneiden. Die Orange halbieren, ½ Orange auspressen, die andere Hälfte schälen, dabei auch die weiße Haut entfernen, und die Filets heraustrennen.

2. Die Garnelen kalt abbrausen, mit Küchenpapier trocken tupfen und auf 4 Spieße verteilen. Mit Salz und Pfeffer würzen und mit ein wenig Curry bestäuben.

3. 1 EL Öl in einer beschichteten Pfanne erhitzen. Die Paprikas darin anbraten und 3–4 Minuten garen. Währenddessen das restliche Öl in einer zweiten beschichteten Pfanne erhitzen, die Garnelenspieße darin anbraten und mit 1 EL Orangensaft ablöschen.

4. Das Paprikagemüse mit Currypulver, Chilipulver und rotem Pfeffer würzen. Den restlichen Orangensaft angießen und die Orangenfilets zugeben, 1 Minute köcheln. Die Mango zufügen und im Paprikagemüse erwärmen – sie sollte auf keinen Fall zu stark erhitzt werden. Das exotische Fruchtbett auf einem Teller anrichten und mit den Garnelenspieße servieren.

Turbo-LOGI

Zubereitung wie bei LOGI klassisch, aber in Schritt 2 Garnelen auf 2 Holzspieße verteilen. In Schritt 3 1 TL Öl in einer beschichteten Pfanne erhitzen.

LOGI klassisch
1 Portion mit 595 g liefert
500 kcal, 33 g Protein, 24 g Fett,
30 g Kohlenhydrate.

Turbo-LOGI
1 Portion mit 385 g liefert
315 kcal, 25 g Protein, 13 g Fett,
20 g Kohlenhydrate.

Rohkost mit Kräuter-Krabben-Dip

Für Für 1 Person

LOGI klassisch

400 g Rohkost, z. B. Gurke, Paprika, Staudensellerie, Kohlrabi
200 g Nordseekrabben
50 g Quark (20 % Fett i. Tr.)
2 EL Olivenöl
Salz und schwarzer Pfeffer nach Geschmack
2 EL gehackter Dill

Turbo-LOGI

250 g Rohkost, z. B. Gurke, Paprika, Staudensellerie, Kohlrabi
150 g Nordseekrabben
50 g Magerquark
1 TL Olivenöl
Salz und schwarzer Pfeffer nach Geschmack
2 EL gehackter Dill

LOGI klassisch

1. Das Gemüse putzen und waschen, eventuell mit Küchenpapier trocken tupfen und in 3 cm breite Streifen schneiden.

2. Die Krabben abbrausen, mit Küchenpapier trocken tupfen und halbieren. In einer Schüssel Quark, Olivenöl, Salz und Pfeffer cremig rühren. Dill und Krabben untermischen. Dip mit den Gemüsesticks servieren.

Turbo-LOGI

Zubereitung wie bei LOGI klassisch.

LOGI klassisch
1 Portion mit 645 g liefert
540 kcal, 49 g Eiweiß, 26 g Fett,
20 g Kohlenhydrate.

Turbo-LOGI
1 Portion mit 505 g liefert
310 kcal, 39 g Protein, 8 g Fett,
15 g Kohlenhydrate.

Jakobsmuscheln im Zucchini-Schinken-Mantel

Für 1 Portion

LOGI klassisch

Für die Spieße:
3 große Jakobsmuscheln ausgelöst, küchenfertig
400 ml Wasser
½ mittelgroße Zucchini
3 Scheiben (à 20 g) Serranoschinken (oder Parmaschinken)
2 EL Olivenöl

Für die Marinade:
1 Zweig Estragon oder Rosmarin
1 Knoblauchzehe
½ Zitrone
2 EL Olivenöl
1 TL Dijon-Senf
1 TL Honig
1 TL getrocknete Kräuter der Provence
¼ TL frisch gemahlener schwarzer Pfeffer
4 Eiswürfel

3 Holzspieße (10–15 cm lang), ca. 10 Minuten in kaltem Wasser eingeweicht

LOGI klassisch

1. Die Jakobsmuscheln waschen und mit Küchenpapier trocken tupfen.

2. Für die Marinade den Estragon waschen, trocken schütteln und die Blätter abzupfen. Den Knoblauch abziehen und zerdrücken. Die Zitrone auspressen und den Saft in einer Schüssel mit Öl, Senf, Honig, Kräutern der Provence und Pfeffer verrühren. Den Estragon und den Knoblauch unterrühren, die Jakobsmuscheln darin einlegen und etwa 1–2 Stunden kühl stellen.

3. Das Wasser in einem Topf zum Kochen bringen. Die Zucchini putzen, waschen und längs in 3 dünne Streifen schneiden. Die Streifen in eine flache Schüssel legen und das kochende Wasser darübergießen. 1 Minute ziehen lassen. Danach das Wasser abschütten und die Zucchini mit den Eiswürfeln etwa 2 Minuten erkalten lassen.

4. Die Jakobsmuscheln aus der Marinade nehmen und mit Küchenpapier abtupfen. Jeweils 1 Streifen Zucchini und 1 Scheibe Serranoschinken um jede Jakobsmuschel wickeln. Mit einem Holzspieß gut befestigen. Das Olivenöl in einer Grillpfanne erhitzen. Die Muschel-Medaillons darin von jeder Seite bei mittlerer Hitze etwa 3–4 Minuten braten, bis sie leicht gebräunt sind. Mit etwas Marinade bestreichen und servieren.

Turbo-LOGI

Zubereitung wie bei LOGI klassisch, nur in Schritt 3 Zucchini in 2 Streifen schneiden.

Turbo-LOGI

Für die Spieße:

2 große Jakobsmuscheln, ausgelöst, küchenfertig
300 ml Wasser
½ kleine Zucchini
2 Scheiben (à 20 g) Serranoschinken (oder Parmaschinken)
1 EL Olivenöl

Für die Marinade:

1 Zweig Estragon oder Rosmarin
1 Knoblauchzehe
½ Zitrone
2 EL Olivenöl
1 TL Dijon-Senf
1 TL Honig
1 TL getrocknete Kräuter der Provence
¼ TL frisch gemahlener schwarzer Pfeffer
4 Eiswürfel

2 Holzspieße (10–15 cm lang), ca. 10 Minuten in kaltem Wasser eingeweicht

LOGI klassisch

1 Portion mit 410 g liefert 510 kcal, 31 g Protein, 35 g Fett, 18 g Kohlenhydrate.

Turbo-LOGI

1 Portion mit 300 g liefert 350 kcal, 21 g Protein, 23 g Fett, 14 g Kohlenhydrate.

Fleisch und Geflügel

Sie essen gerne Fleisch? Ob rotes oder weißes Fleisch, bei uns bekommen Sie für alle Farben geschmackvolle Rezepte. Die Basis der Fleisch- und Geflügelrezepte sind nach wie vor Gemüse, Salat und Pilze. Dazu ein Stück bestes Bio-Fleisch, das hat gesundheitliche Vorteile. Fleisch ist ein guter Lieferant für biologisch hochwertige Nährstoffe wie Eiweiß, Fett, Eisen, Zink, Selen sowie Vitamine der B-Gruppe. Ein moderater Fleischkonsum trägt zu einer modernen, herzgesunden und vor allem zu einer figurfreundlichen Ernährungsweise bei. Freuen Sie sich auf unsere vielfältigen Leckerbissen.

Möhrenspaghetti bolognese

Für 2 Personen

LOGI klassisch

300 g große Möhren
1 kleine rote Zwiebel
1 Knoblauchzehe
1 EL Olivenöl
100 g Rinderhackfleisch
2 EL Tomatenmark
200 g passierte Tomaten (aus der Dose)
Chilipulver nach Geschmack
2 TL getrockneter Oregano
Salz und schwarzer Pfeffer nach Geschmack
30 g Erbsen (tiefgekühlt)
5 frische Basilikumblätter
20 g Parmesan

Turbo-LOGI

150 g große Möhren
½ kleine rote Zwiebel
1 kleine Knoblauchzehe
1 TL Olivenöl
60 g Rinderhackfleisch
2 EL Tomatenmark
150 g passierte Tomaten (aus der Dose)
Chilipulver nach Geschmack
1 TL getrockneter Oregano
Salz und schwarzer Pfeffer nach Geschmack
20 g Erbsen (tiefgekühlt)
3 frische Basilikumblätter
10 g Parmesan

LOGI klassisch

1. Die Möhren putzen, schälen und mit einem Spiralschneider in feine Streifen wie Spaghetti schneiden. Alternativ mit einem Sparschäler wie Bandnudeln hobeln.

2. Die Zwiebel und den Knoblauch abziehen und klein würfeln. Das Olivenöl in einer beschichteten Pfanne erhitzen. Die Zwiebel und den Knoblauch darin andünsten. Das Hackfleisch dazugeben und kurz scharf anbraten. Das Tomatenmark hinzufügen und kurz anrösten. Mit passierten Tomaten ablöschen. Mit Chilipulver, Oregano, Salz und Pfeffer abschmecken. Die Soße bei niedriger Hitze und unter gelegentlichem Rühren 20 Minuten köcheln lassen.

3. Zum Schluss die Erbsen in die Soße geben und 7–8 Minuten mitgaren.

4. In der Zwischenzeit in einem Topf reichlich Salzwasser zum Kochen bringen. Die Möhrenspaghetti darin 2–3 Minuten garen, anschließend in einem Sieb abtropfen lassen.

5. Das Basilikum waschen, trocken schütteln, hacken und in die Soße geben.

6. Den Parmesan reiben. Die Möhrenspaghetti auf einem Teller anrichten, die Bolognesesoße darübergeben und mit Parmesan bestreuen.

Turbo-LOGI

Zubereitung wie bei LOGI klassisch.

LOGI klassisch
1 Portion mit 720 g liefert
580 kcal, 34 g Protein, 32 g Fett,
33 g Kohlenhydrate.

Turbo-LOGI
1 Portion mit 395 g liefert
330 kcal, 20 g Protein, 18 g Fett,
19 g Kohlenhydrate.

Hackbällchen mit Minz-Raita

Für 1 Person

LOGI klassisch

Für die Hackbällchen:

10 g Rosinen
½ Bund frischer Koriander
1 Ei (Größe S)
125 g Lamm- oder Rinderhackfleisch
2 flache EL Kichererbsenmehl
1 TL frisch geriebener Ingwer
1 TL Currypulver
½ TL gemahlener Kreuzkümmel
Salz nach Geschmack
2 TL weißer Sesam
1 EL Erdnussöl

Für die Minz-Raita:

150 g Gurke
2 TL frisch gehackte Minze
1 TL frisch gehackter Koriander
Saft ½ Limette
½ TL gemahlener Koriander
½ TL gemahlener Kreuzkümmel
150 g Joghurt (3,5 % Fett)
Salz und Cayennepfeffer nach Geschmack

LOGI klassisch

1. Die Rosinen heiß abwaschen und in einer Schüssel mit warmem Wasser etwas quellen lassen.

2. Den Koriander waschen, trocken schütteln, Blätter abzupfen und fein hacken.

3. Das Ei in einer Schüssel mit der Gabel verquirlen. Hackfleisch, Kichererbsenmehl, Koriander, Ingwer, Currypulver, Kreuzkümmel und Salz dazugeben und gut verkneten.

4. Die Rosinen durch ein Sieb abgießen, abtropfen lassen und mit Küchenpapier trocken tupfen. Dann halbieren und mit dem Sesam unter das Hackfleisch kneten. Aus der Masse 6–8 kleine Bällchen formen.

5. Das Erdnussöl in einer beschichteten Pfanne erhitzen. Die Bällchen darin rundherum anbraten und bei reduzierter Hitze fertig garen.

6. Für die Raita die Gurke putzen, schälen, fein raspeln und mit Minze, frischem Koriander, Limettensaft, gemahlenem Koriander, Kreuzkümmel und Joghurt in einer Schüssel verrühren. Mit Salz und Cayennepfeffer abschmecken. Die Raita zu den Hackbällchen servieren.

Turbo-LOGI

Zubereitung wie bei LOGI klassisch, nur in Schritt 4 3–4 kleine Bällchen formen.

Turbo-LOGI

Für die Hackbällchen:

5 g Rosinen
½ Bund frischer Koriander
1 Ei (Größe S)
60 g Lamm- oder Rinderhackfleisch
1 flacher EL Kichererbsenmehl
½ TL frisch geriebener Ingwer
½ TL Currypulver
½ TL gemahlener Kreuzkümmel
Salz nach Geschmack
1 TL weißer Sesam
1 TL Erdnussöl

Für die Minz-Raita:

150 g Gurke
2 TL frisch gehackte Minze
1 TL frisch gehackter Koriander
Saft ½ Limette
½ TL gemahlener Koriander
½ TL gemahlener Kreuzkümmel
100 g Joghurt (3,5 % Fett)
Salz und Cayennepfeffer nach Geschmack

LOGI klassisch

1 Portion mit 475 g liefert 620 kcal, 40 g Protein, 39 g Fett, 24 g Kohlenhydrate.

Turbo-LOGI

1 Portion mit 350 g liefert 355 kcal, 23 g Protein, 22 g Fett, 16 g Kohlenhydrate.

Grapefruit mit Rindfleisch und Feta

Für 1 Portion

LOGI klassisch

1 (150 g) Rindersteak
grobes Meersalz nach Geschmack
1 rosa Bio-Grapefruit (ca. 100 g Fruchtfleisch)
1 Frühlingszwiebel
10 g Pinienkerne
50 g Feta
10 g Honig
1 EL Olivenöl

Turbo-LOGI

1 kleines (80 g) Rindersteak
grobes Meersalz nach Geschmack
½ rosa Bio-Grapefruit (ca. 50 g Fruchtfleisch)
1 Frühlingszwiebel
10 g Pinienkerne
25 g Feta
10 g Honig
1 TL Olivenöl

LOGI klassisch

1. Den Backofen auf 250 °C Grillstufe vorheizen. Einen Ofenrost mit Alufolie belegen.

2. Das Rindersteak kalt abspülen, mit Küchenpapier trocken tupfen und mit einem Fleischklopfer flach klopfen. Auf die Alufolie legen und 2–3 Minuten im Ofen grillen, dann wenden und weitere 2–3 Minuten grillen. Rindfleisch aus dem Ofen holen, in 1 cm große Würfel schneiden und mit etwas Salz würzen. Die Temperatur am Ofen auf 200 °C Grillstufe reduzieren.

3. Die Grapefruit halbieren und das Fruchtfleisch vorsichtig aus der Frucht herausschneiden, sodass die Schale erhalten bleibt. Das Fruchtfleisch (ohne Kerne) in einer Schüssel mit dem Stabmixer pürieren.

4. Die Frühlingszwiebel putzen, waschen und in dünne Ringe schneiden. Die Pinienkerne in einer beschichten Pfanne ohne Fett rösten und hacken. Den Feta zerbröseln.

5. Das Grapefruitpüree, Rindfleischwürfel, Frühlingszwiebel, Pinienkerne, Feta, Honig und Öl in einer Schüssel vermischen und die Grapefruithälften damit füllen.

6. Die gefüllten Grapefruithälften auf den Ofenrost stellen und im Ofen (Mitte) 10–15 Minuten grillen.

Turbo-LOGI

Zubereitung wie bei LOGI klassisch, aber in Schritt 3 und 4 nur 1 Grapefruithälfte verwenden

LOGI klassisch
1 Portion mit 360 g liefert 560 kcal, 45 g Protein, 32 g Fett, 19 g Kohlenhydrate.

Turbo-LOGI
1 Portion mit 210 g liefert 340 kcal, 25 g Protein, 19 g Fett, 15 g Kohlenhydrate.

Pesto-Rindfleisch-Röllchen mit Blattspinat und Thymian-Gnocchi

Für 1 Person

LOGI klassisch

100 g Gnocchi (aus der Kühltheke)
2 Zweige Thymian
1 kg junger Blattspinat (frisch) oder 300 g tiefgekühlt
Salz nach Geschmack
2 (à 50 g) Minutensteaks vom Rind
schwarzer Pfeffer nach Geschmack
2 gestrichene TL Pesto (aus dem Glas)
1 (100 g) Zwiebel
1 Knoblauchzehe
3 EL Olivenöl
10 g geriebener Parmesan
frisch geriebene Muskatnuss
2 kleine Holzspieße

Turbo-LOGI

50 g Gnocchi (aus der Kühltheke)
2 Zweige Thymian
500 g junger Blattspinat (frisch oder 300 g tiefgekühlt)
Salz nach Geschmack
1 (50 g) Minutensteak vom Rind
schwarzer Pfeffer nach Geschmack
1 gestrichener TL Pesto (aus dem Glas)
½ (50 g) Zwiebel
½ Knoblauchzehe
3 TL Olivenöl
5 g geriebener Parmesan
frisch geriebene Muskatnuss
1 kleiner Holzspieß

LOGI klassisch

1. Die Gnocchi nach Packungsangabe gar kochen. Den Thymian waschen, trocken schütteln und die Blätter abzupfen.

2. Den Spinat verlesen und waschen. In einem Topf mit kochendem Salzwasser 2–3 Minuten blanchieren, dann durch ein Sieb abgießen, kalt abbrausen und abtropfen lassen. Den Spinat gut ausdrücken und grob hacken.

3. Die Steaks kalt abbrausen, mit Küchenpapier trocken tupfen, zwischen Frischhaltefolie legen und mit einem Fleischklopfer flach klopfen. Jedes Steak mit Salz und Pfeffer würzen, mit 1 gestrichenen TL Pesto bestreichen, aufrollen und jeweils mit einem Holzspießchen fixieren.

4. Zwiebel und Knoblauch abziehen und fein hacken. 1 EL Olivenöl in einer beschichteten Pfanne erhitzen, Zwiebel und Knoblauch darin glasig dünsten. Den Spinat hinzufügen und 2–3 Minuten mitdünsten. Mit Parmesan bestreuen und mit Muskat, Salz und Pfeffer würzen.

5. 1 EL Olivenöl in einer beschichteten Pfanne erhitzen, die Gnocchi darin 2–3 Minuten braten. Mit Salz, Muskat und Pfeffer würzen.

6. Das restliche Olivenöl in einer weiteren beschichteten Pfanne erhitzen, die Steakröllchen darin bei mittlerer Hitze 2–3 Minuten rundum anbraten. Mit Salz und Pfeffer würzen. Mit Spinat und Gnocchi anrichten. Die Gnocchi mit Thymian bestreuen.

Turbo-LOGI

Zubereitung wie bei LOGI klassisch, aber in Schritt 3 nur 1 Steak verwenden. In Schritt 4 und 5 jeweils 1 TL Olivenöl verwenden.

LOGI klassisch

1 Portion mit 440 g liefert 550 kcal, 36 g Protein, 32 g Fett, 35 g Kohlenhydrate.

Turbo-LOGI

1 Portion mit 440 g liefert 340 kcal, 23 g Protein, 17 g Fett, 20 g Kohlenhydrate.

Blumenkohlpizza mit Schinken, Pilzen und Rucola

Für 2 Personen

LOGI klassisch

250 g Blumenkohl
Salz nach Geschmack
1 Ei (Größe M)
100 g geriebener Pizzakäse, z. B. Mozzarella
50 g Vollkornmehl
2 EL Olivenöl
1 (80 g) Zwiebel
1 Knoblauchzehe
200 g stückige Tomaten (aus der Dose)
20 g Tomatenmark
schwarzer Pfeffer nach Geschmack
1 EL getrockneter Oregano
10 g Rucola
50 g Champignons
30 g Serranoschinken in Scheiben
30 g gekochter Schinken in Scheiben
30 g geriebener Parmesan
1 Pizzablech (Ø 30 cm)

LOGI klassisch

1. Den Backofen auf 230 °C Ober-/Unterhitze (210 °C Umluft) vorheizen. Das Pizzablech mit Backpapier auslegen.

2. Den Blumenkohl putzen, waschen, in kleine Stücke teilen und mithilfe einer Küchenmaschine oder Reibe raspeln. Die Blumenkohlraspel mit ½ TL Salz würzen und in einer heißen, beschichteten Pfanne 3 Minuten unter Rühren andünsten. Den Blumenkohl in einem Sieb über einer Schüssel abkühlen lassen.

3. Die Blumenkohlraspel ausdrücken. In einer Schüssel mit Ei, Pizzakäse und Mehl gut vermengen. Die Blumenkohlmasse mit feuchten Händen gleichmäßig auf dem Pizzablech verteilen, mit 1 EL Olivenöl bestreichen und im Ofen (Mitte) 15 Minuten backen, bis die Masse leicht gebräunt ist.

4. Inzwischen Zwiebel und Knoblauch abziehen und fein würfeln. In einer beschichteten Pfanne das restliche Olivenöl erhitzen, Zwiebel und Knoblauch darin glasig dünsten. Tomaten und Tomatenmark hinzufügen und unterrühren. Die Tomatensoße 5 Minuten köcheln lassen. Mit Salz, Pfeffer und Oregano würzen.

5. Den Rucola verlesen, waschen und trocken schütteln. Die Champignons putzen, säubern und in feine Scheiben schneiden.

6. Den Pizzaboden aus dem Ofen holen, mit Tomatensoße bestreichen, mit Champignons und Schinken belegen. Den Parmesan darüberstreuen und die Pizza im Ofen (Mitte) 10 Minuten backen. Pizza herausnehmen und mit Rucola bestreut servieren.

LOGI klassisch

1 Portion mit 465 g liefert 555 kcal, 34 g Protein, 34 g Fett, 29 g Kohlenhydrate.

Lammkoteletts mit Salsa verde und gegrillten Kirschtomaten

Für 1 Person

LOGI klassisch

Für die Spieße:

1 Lammkotelett (125 g ohne Knochen)
1 Zweig Thymian
2 EL Olivenöl
schwarzer Pfeffer nach Geschmack
200 g Cocktailtomaten
1 TL grobes Meersalz

Für die Salsa verde:

1 kleiner Bund glatte Petersilie (35 g)
1 Bio-Zitrone
2 EL Olivenöl
¼ TL grobes Meersalz
¼ TL frisch gemahlener schwarzer Pfeffer
2 Kapernäpfel (ohne Stiel)
1 Sardellenfilet (aus dem Glas)
¼ TL körniger Senf

2 Holzspieße (20 cm lang), ca. 10 Minuten in kaltem Wasser eingeweicht

LOGI klassisch

1 Das Kotelett kalt abbrausen, mit Küchenpapier trocken tupfen und in 4 Stücke schneiden. Thymian waschen, trocken schütteln und die Blättchen abzupfen.

2 Die Koteletts von jeder Seite mit Öl einpinseln und mit Pfeffer und Thymian würzen. Auf einen Teller legen und abgedeckt etwa 1 Stunde kalt stellen.

3 Den Backofen auf 250 °C Grillstufe vorheizen. Einen Ofenrost mit Alufolie belegen.

4 Für die Salsa verde die Petersilie waschen, trocken schütteln und die Blättchen abzupfen. Die Zitrone waschen und mit Küchenpapier trocken tupfen. Die Schale abreiben und die Zitrone auspressen.

5 Petersilienblätter, Zitronenabrieb und -saft, Olivenöl, Salz, Pfeffer, Kapern, Sardelle und Senf in einer Schüssel vermischen und mit dem Stabmixer pürieren.

6 Die Cocktailtomaten waschen und mit Küchenpapier trocknen. Die Koteletts salzen, auf den Ofenrost legen und 3–4 Minuten grillen, dann wenden und weitere 3–4 Minuten grillen. Tomaten und Fleisch abwechselnd auf die Holzspieße stecken, auf den Ofenrost legen und unter gelegentlichem Wenden 8–10 Minuten grillen.

7 Die gegrillten Tomaten mit Salz und Pfeffer würzen. Die Koteletts jeweils mit 1 EL Salsa verde bestreichen und servieren.

LOGI klassisch

1 Portion mit 390 g liefert 590 kcal, 28 g Protein, 51 g Fett, 6 g Kohlenhydrate.

Barbarie-Entenbrust auf Spinat mit Selleriepüree

Für 1 Person

LOGI klassisch
500 g frischer Blattspinat
Salz nach Geschmack
1 (125 g) Barbarie-Entenbrustfilet mit Haut
150 g Knollensellerie
30 ml Sahne
1 Schalotte
1 Knoblauchzehe
1 EL Butter
geriebene Muskatnuss nach Geschmack
30 g getrocknete Tomaten (in Öl eingelegt)

LOGI klassisch

1. Den Blattspinat von den Stielen befreien, waschen und in einem Topf mit kochendem Salzwasser 2–3 Minuten blanchieren. Dann durch ein Sieb abgießen, mit kaltem Wasser abschrecken und abtropfen lassen.

2. Den Backofen auf 160 °C Ober-/Unterhitze (140 °C Umluft) vorheizen. Ein Backblech mit Backpapier auslegen.

3. Die Haut der Entenbrust rautenförmig einschneiden. Auf der Hautseite in eine kalte Pfanne legen und bei großer Hitze scharf anbraten. Anschließend die Entenbrust mit der Hautseite unten auf das Backblech legen und im Ofen (Mitte) 8–10 Minuten garen. Herausnehmen, in Alufolie wickeln und 5–10 Minuten ruhen lassen.

4. Den Sellerie putzen, waschen, in Würfel schneiden und in einem Topf mit kochendem Salzwasser blanchieren. Durch ein Sieb abgießen, mit der Sahne in einem Topf verrühren und bei mittlerer Hitze garen, bis der Sellerie butterweich ist. Den Sellerie mit dem Stabmixer pürieren und warm stellen.

5. Die Schalotte und den Knoblauch abziehen, die Schalotte fein würfeln. Die Butter in einem kleinen Topf erhitzen, den Knoblauch hineinpressen und mit den Schalottenwürfeln und dem Spinat anschwitzen. Mit Salz und Muskat abschmecken.

6. Die getrockneten Tomaten abtropfen lassen, fein würfeln und unter den Spinat mischen. Mit dem Selleriepüree zur Entenbrust servieren.

LOGI klassisch

1 Portion mit 905 g liefert
660 kcal, 38 g Protein, 48 g Fett,
12 g Kohlenhydrate.

Putenmoussaka

Für 1 Person

LOGI klassisch
½ (150 g) Aubergine
Salz und schwarzer Pfeffer nach Geschmack
100 g festkochende Kartoffeln
½ Zwiebel
1 kleine Knoblauchzehe
1–2 Zweige Thymian
1–2 Zweige Oregano
100 g Putenbrust
1 EL Olivenöl
1 EL Tomatenmark
300 g stückige Tomaten (aus der Dose)
½ TL Zucker
20 g Parmesan
15 g Butter
10 g Mehl
125 ml Milch (3,5 % Fett)
frisch geriebene Muskatnuss nach Geschmack
1 kleine Auflaufform (10 x 15 cm)

LOGI klassisch

1. Den Backofen auf 180 °C Ober-/Unterhitze (160 °C Umluft) vorheizen. Ein Backblech mit Backpapier auslegen.

2. Die Aubergine putzen, waschen, in ca. 1 cm dicke Scheiben schneiden und diese auf das Backblech legen. Mit Salz und Pfeffer würzen. Die Auberginenscheiben im Ofen (oben) 10–15 Minuten backen. Zwischendurch einmal wenden.

3. Die Kartoffeln schälen, waschen und in einem Topf mit kochendem Salzwasser in 15–20 Minuten bissfest garen. Dann durch ein Sieb abgießen und abkühlen lassen.

4. Die Zwiebel und den Knoblauch abziehen und fein würfeln. Den Thymian und den Oregano waschen, trocken schütteln, die Blätter abzupfen und hacken. Die Putenbrust kalt abbrausen, mit Küchenpapier trocken tupfen und in ca. 1 cm große Würfel schneiden.

5. Das Olivenöl in einer beschichteten Pfanne erhitzen, Zwiebel und Knoblauch darin glasig dünsten. Das Putenfleisch dazugeben und 1–2 Minuten anbraten. Das Tomatenmark untermischen und unter Rühren 1 Minute mitbraten. Thymian, Oregano und stückige Tomaten hinzufügen und unterrühren. Alles mit Zucker, Salz und Pfeffer würzen und offen bei kleiner Hitze 15 Minuten köcheln lassen.

6. Für die helle Soße den Parmesan reiben. Die Butter in einem kleinen Topf zerlassen, das Mehl darin unter Rühren 1–2 Minuten anschwitzen. Die Milch nach und nach dazugießen und unter Rühren aufkochen, bis die Soße sämig ist. 10 g Parmesan unterrühren. Die Soße mit Salz und Muskat würzen.

LOGI klassisch

1 Portion mit 680 g liefert 590 kcal, 42 g Protein, 29 g Fett, 35 g Kohlenhydrate.

7 Die Kartoffeln in dünne Scheiben schneiden und in die Auflaufform legen. Mit Salz und Pfeffer würzen. Die Puten-Tomaten-Masse auf den Kartoffeln verteilen. Auberginenscheiben dachziegelartig daraufschichten. Mit der hellen Soße übergießen, mit dem restlichen Parmesan bestreuen und Moussaka im Ofen (Mitte) in ca. 35 Minuten goldbraun backen.

Puten-Ananas-Spieße mit Basilikum-Joghurt-Creme

Für 1 Person

LOGI klassisch

Für die Spieße:
150 g Putenfleisch
4 EL Olivenöl
½ TL Currypulver
1 EL frisch gehackter Koriander
1 EL frisch gehackter Ingwer
¼ TL gemahlener Kreuzkümmel
150 g Ananasfruchtfleisch
Salz und schwarzer Pfeffer nach Geschmack

Für die Soße:
3 Zweige Basilikum
100 g Joghurt (3,5 % Fett)
40 g Crème fraîche
1 TL Olivenöl
1 TL Limettensaft
Salz und schwarzer Pfeffer nach Geschmack

3–4 Holzspieße (20 cm lang)

LOGI klassisch

1. Das Putenfleisch kalt abbrausen, mit Küchenpapier trocken tupfen und in 2 cm große Würfel schneiden.

2. 3 EL Öl, Currypulver, Koriander, Ingwer und Kreuzkümmel mit dem Fleisch in einen Gefrierbeutel füllen, alles gut vermischen und durchkneten, dann Fleisch im Kühlschrank 1–2 Stunden marinieren.

3. Den Backofen auf 250 °C Grillstufe vorheizen. Einen Ofenrost mit Alufolie belegen.

4. Das Ananasfruchtfleisch in 2 cm große Würfel schneiden. Die Spieße abwechselnd mit den Puten- und den Ananaswürfeln bestücken. Rundum mit dem restlichen Öl bepinseln. Die Spieße auf den Ofenrost legen und im Ofen 6–8 Minuten von beiden Seiten grillen (einmal wenden). Anschließend abkühlen lassen und mit Salz und Pfeffer würzen.

5. Das Basilikum waschen, trocken schütteln und grob hacken. Mit Joghurt, Crème fraîche und Olivenöl in eine Schüssel geben und mit dem Stabmixer pürieren. Mit Limettensaft, Salz und Pfeffer abschmecken.

6. Die Spieße in die Basilikum-Joghurt-Creme dippen.

Turbo-LOGI

Zubereitung wie bei LOGI klassisch, nur in Schritt 2 1 ½ EL Öl verwenden.

Turbo-LOGI

Für die Spieße:

100 g Putenfleisch
2 EL Olivenöl
½ TL Currypulver
1 EL frisch gehackter Koriander
1 EL frisch gehackter Ingwer
¼ TL gemahlener Kreuzkümmel
100 g Ananasfruchtfleisch
Salz und schwarzer Pfeffer nach Geschmack

Für die Soße:

3 Zweige Basilikum
50 g Joghurt (3,5 % Fett)
25 g Crème fraîche
1 TL Olivenöl
1 TL Limettensaft
Salz und schwarzer Pfeffer nach Geschmack

2–3 Holzspieße (20 cm lang)

LOGI klassisch

1 Portion mit 455 g liefert
520 kcal, 42 g Protein, 28 g Fett, 24 g Kohlenhydrate.

Turbo-LOGI

1 Portion mit 290 g liefert
350 kcal, 27 g Protein, 21 g Fett, 15 g Kohlenhydrate.

Involtini mit Paprikafüllung und Thymiantomaten

Für 1 Person

LOGI klassisch

75 g geröstete Paprika (aus dem Glas)
150 g Putenschnitzel (in 4 Stücke geschnitten)
Salz und Cayennepfeffer nach Geschmack
20 g Tomatenmark
25 g Pecorino-Käse (in 2 dünne Scheiben geschnitten)
1 TL Mehl
2 EL Olivenöl
50 ml trockener Weißwein
50 ml Gemüsebrühe
300 g Cocktailtomaten
1 Zweig Thymian
10 g Puderzucker
2 kleine Holzspieße

LOGI klassisch

1 Die gerösteten Paprika abtropfen lassen. Die Schnitzel kalt abbrausen und mit Küchenpapier trocken tupfen. Nacheinander in einen Gefrierbeutel legen und mit einem Fleischklopfer flach klopfen. Die Paprika in Scheiben schneiden, die etwas kleiner sind als die Schnitzel.

2 Die Schnitzel auf eine Arbeitsfläche legen, mit Salz und Cayennepfeffer nach Geschmack würzen. Dann mit Tomatenmark bestreichen. Jeweils mit Paprika und ½ Käsescheibe belegen. Die Schnitzel einrollen und mit Holzspießchen fixieren. Die Involtini rundherum mit Mehl bestäuben.

3 In einer beschichteten Pfanne 1 EL Olivenöl erhitzen, die Involtini darin 3–4 Minuten rundherum scharf anbraten. Dann mit Wein und Brühe ablöschen, alles aufkochen und bei mittlerer Hitze 20 Minuten köcheln lassen.

4 10 Minuten vor dem Ende der Garzeit Tomaten und Thymian waschen und mit Küchenpapier trocken tupfen. Die Thymianblätter abzupfen.

5 In einer zweiten beschichtete Pfanne das restliche Öl erhitzen, den Thymian darin kurz anbraten. Die Tomaten dazugeben und mit Puderzucker bestäuben. Die Tomaten unter ständigem Wenden karamellisieren und braten, bis sie aufplatzen. Mit etwas Salz und Cayennepfeffer würzen. Involtini mit den karamellisierten Thymiantomaten servieren.

LOGI klassisch

1 Portion mit 655 g liefert
605 kcal, 47 g Protein, 30 g Fett,
25 g Kohlenhydrate.

Ofenhähnchen mit Fenchel und Orangen

Für 1 Person

LOGI klassisch

4 kleine Hähnchenunterschenkel (ca. 500 g mit Knochen)
3 EL Olivenöl
Salz, schwarzer Pfeffer und rosenscharfes Paprikapulver nach Geschmack
2 Fenchelknollen
½ kleine Bio-Orange
1 TL mittelscharfes Currypulver
1 TL Fenchelsamen
1 kleine Knoblauchzehe
½ Bund Dill
Auflaufform (15–20 cm)

LOGI klassisch

1 Den Backofen auf 220 °C Ober-/Unterhitze (200 °C Umluft) vorheizen.

2 Die Hähnchenschenkel waschen, mit Küchenpapier trocken tupfen und mit 1 EL Olivenöl einreiben. Mit Salz, Pfeffer und Paprikapulver würzen.

3 Die Fenchelknollen putzen, waschen und vierteln, dabei den Strunk entfernen. Die Orangenhälfte waschen, das Ende entfernen und die Orange in feine Scheiben schneiden. Orangenscheiben und Fenchelstücke gleichmäßig in der Form verteilen.

4 Das restliche Öl in einer Schüssel mit Currypulver, Fenchelsamen und Salz verrühren. Den Knoblauch abziehen, pressen und unterrühren. Hähnchenschenkel auf die Orangen und den Fenchel in die Auflaufform legen und das Gewürzöl gleichmäßig darüberträufeln.

5 Die Auflaufform in den Ofen (Mitte) schieben und das Hähnchen ca. 60 Minuten garen. Falls die Haut dann noch nicht gebräunt ist, zum Schluss noch mal für 5–10 Minuten den Grill im Ofen anschalten.

6 Den Dill waschen und trocken schütteln. Das fertige Ofenhähnchen mit Dill garniert servieren.

LOGI klassisch

1 Portion mit 520 g liefert 655 kcal, 45 g Protein, 45 g Fett, 17 g Kohlenhydrate.

Hähnchenbrust auf Fruchtsalat

Für 1 Person

LOGI klassisch

Für den Salat:

100 g Rucola
50 g Blaubeeren
1 Nektarine
50 g Mozzarella
150 g Hähnchenbrustfilet
Salz und schwarzer Pfeffer nach Geschmack
1 EL Olivenöl

Für das Dressing:

2 EL Zitronensaft
Salz und schwarzer Pfeffer nach Geschmack
2 EL Olivenöl

Turbo-LOGI

Für den Salat:

75 g Rucola
30 g Blaubeeren
½ Nektarine
30 g Mozzarella
100 g Hähnchenbrustfilet
Salz und schwarzer Pfeffer nach Geschmack

Für das Dressing:

1 EL Zitronensaft
Salz und schwarzer Pfeffer nach Geschmack
2 EL Olivenöl

LOGI klassisch

1. Den Rucola verlesen, waschen, trocken schütteln und die Blätter gegebenenfalls in der Mitte durchschneiden. Beeren waschen, verlesen und mit Küchenpapier trocken tupfen. Nektarine waschen, halbieren, entsteinen und in Spalten schneiden. Mozzarella abtropfen lassen und in kleine Stücke reißen. Alle vorbereiteten Zutaten in einer Schüssel mischen.

2. Die Hähnchenbrust waschen, mit Küchenpapier trocken tupfen und mit Salz und Pfeffer würzen. Das Öl in einer beschichteten Pfanne erhitzen und das Fleisch bei mittlerer Hitze von jeder Seite 3–5 Minuten braten. Herausnehmen, etwas abkühlen lassen und in Scheiben schneiden. Mit Salz und Pfeffer abschmecken.

3. Für das Dressing den Zitronensaft in einer Schüssel mit Salz und Pfeffer verrühren. Das Öl unterschlagen. Das Dressing unter den Salat heben. Das Fleisch auf dem Salat anrichten und servieren.

Turbo-LOGI

Zubereitung wie bei LOGI klassisch, nur in Schritt 1 Nektarine verwenden.

LOGI klassisch

1 Portion mit 495 g liefert 555 kcal, 49 g Protein, 28 g Fett, 21 g Kohlenhydrate.

Turbo-LOGI

1 Portion mit 310 g liefert 345 kcal, 32 g Protein, 18 g Fett, 12 g Kohlenhydrate.

Petersilienpesto

Für 10 Portionen

50 g frischer Blattspinat
1 Bund glatte Petersilie
Salz nach Geschmack
1 EL geschälte Mandeln
1 EL geriebener Parmesan
3 EL Olivenöl
Saft ½ Zitrone
weißer Pfeffer nach Geschmack

1. Den Spinat und die Petersilie waschen, trocken schütteln und die Stiele abknipsen. Den Spinat in einem Topf mit kochendem Salzwasser 2–3 Minuten blanchieren. In ein Sieb abgießen, kalt abbrausen und gut abtropfen lassen. Den Spinat gut ausdrücken und grob hacken.
2. Die Mandeln in einer beschichteten Pfanne ohne Fett rösten, bis sie zu duften beginnen.
3. Alle Zutaten in einem Mixer zu einem Pesto pürieren und mit Salz und Pfeffer abschmecken.

Tipp:

Pesto ist schnell selbst gemacht und schmeckt nicht nur zu Pasta, sondern auch zu Fleisch, Geflügel und Fischgerichten.

1 Portion mit 20 g liefert 60 kcal, 2 g Protein, 6 g Fett, 1 g Kohlenhydra

Erdbeerpesto

Für 10 Portionen

200 g frische Erdbeeren
25 g Pinienkerne
25 g Parmesan
2 Knoblauchzehen
100 ml Olivenöl
grobes Meersalz und Chilipulver nach Geschmack

1. Die Erdbeeren waschen, mit Küchenpapier trocken tupfen, entkelchen und größere Beeren halbieren.

2. Die Pinienkerne in einer beschichteten Pfanne ohne Fett anrösten.

3. Den Parmesan reiben, den Knoblauch abziehen und zerdrücken.

4. Alle vorbereiteten Zutaten mit dem Öl in einen Mixer geben und pürieren. Mit wenig Salz und Chilipulver abschmecken.

Tipp:
Dieses Pesto passt hervorragend zu Fleischgerichten.

1 Portion mit 30 g liefert 100 kcal, 1 g Protein, 10 g Fett, 1 g Kohlenhydrate.

Vegetarisch

LOGI und vegetarisch, das passt wunderbar zusammen, funktioniert ganz einfach und ist lecker. Vegetarische Low-Carb-Rezepte setzen vor allem auf Gemüse, Salat und Pilze. Diese enthalten wenig Kohlenhydrate, sind dafür aber reich an Ballaststoffen. Deshalb dürfen Sie sich daran auch gerne satt essen. Tomaten, Brokkoli und Co. schmecken nicht nur gebraten, sondern gedünstet, gegrillt oder aus dem Ofen. Dazu gibt es vegetarische Proteinquellen wie Eier, Quark, Käse, Nüsse, Kerne und Samen. Für das volle Aroma verwenden wir gesunde Fette wie Öle oder Butter zum Anbraten. Da wird es einem nicht langweilig.

Paprika mit Mexicana-Füllung

Für 1 Person

LOGI klassisch

etwas Öl für die Form
1 (150 g) rote Paprika
10 g Pinienkerne
50 g Kidneybohnen (aus der Dose)
30 g Erbsen (aus der Dose)
1 Frühlingszwiebel
100 g Aubergine
1 TL Olivenöl
100 g passierte Tomaten (aus der Dose)
10 g Tomatenmark
Salz nach Geschmack
½ TL Tabasco
1 TL getrockneter Oregano
1 TL frisch gehacktes Basilikum
50 g Frischkäse (70 % Fett i. Tr.)
50 g geriebener Gouda
schwarzer Pfeffer nach Geschmack
Auflaufform (10–15 cm)

LOGI klassisch

1. Den Backofen auf 200 °C Ober-/Unterhitze (Umluft 180 °C) vorheizen. Die Auflaufform mit etwas Öl einfetten.

2. Die Paprika waschen, längs halbieren und das Kerngehäuse entfernen. Die Pinienkerne in einer beschichteten Pfanne ohne Fett anrösten.

3. Die Kidneybohnen und die Erbsen in einem Sieb abtropfen lassen. Die Frühlingszwiebel putzen, waschen und in Ringe schneiden. Die Aubergine putzen, waschen und sehr klein würfeln.

4. Das Öl in einer beschichteten Pfanne erhitzen. Die Zwiebelringe und die Auberginenwürfel anbraten. Passierte Tomaten, Tomatenmark, Kidneybohnen und Erbsen hinzufügen und alles 7–10 Minuten bei niedriger Hitze köcheln lassen. Mit Salz, Tabasco und Kräutern würzen. Die Pinienkerne unterrühren. Die Paprikahälften mit der Mischung füllen und in die Auflaufform setzen.

5. Den Frischkäse in einer Schüssel mit dem Gouda verrühren und gleichmäßig auf den Paprikahälften verteilen. Mit Pfeffer würzen. Paprika im Ofen (Mitte) 30 Minuten backen.

LOGI klassisch

1 Portion mit 580 g liefert 585 kcal, 26 g Protein, 41 g Fett, 34 g Kohlenhydrate.

LOGIsche Pizza Mozzarella

Für 1 Person

LOGI klassisch

Für den Teig:
50 g Linsenmehl
25 g Mandelmehl
50 ml lauwarmes Wasser
1 EL getrockneter Oregano
1 EL Olivenöl
Salz nach Geschmack

Für den Belag:
30 g rote Zwiebel
2 TL Tomatenmark
50 g stückige Tomaten (aus der Dose)
getrockneter Oregano nach Geschmack
Salz nach Geschmack
50 g Mozzarella
½ gelbe Paprika
40 g Champignons
10 g Rucola
2 eingelegte Peperoni
schwarzer Pfeffer nach Geschmack
20 g geriebener Pizzakäse

1 Pizzablech (Ø 14 cm)

LOGI klassisch

1. Den Backofen auf 200 °C Ober-/Unterhitze (Umluft 180 °C) vorheizen. Die Pizzaform mit Backpapier auslegen.

2. Das Linsenmehl und das Mandelmehl in einer Schüssel vermischen. Unter Rühren das Wasser zugießen. Oregano, Olivenöl und Salz hinzufügen. Alles mit dem Handrührgerät zu einem glatten Teig kneten. Mit feuchten Händen den Teig auf dem Pizzablech verteilen und flach drücken.

3. Die Zwiebel schälen und grob zerkleinern. In einer Schüssel mit dem Tomatenmark, den stückigen Tomaten, 1 TL Oregano und Salz vermengen.

4. Den Mozzarella abtropfen lassen und zerstückeln. Die Paprika putzen, waschen und in Streifen schneiden. Die Champignons putzen, säubern und in feine Scheiben schneiden. Den Rucola verlesen, waschen und trocken schütteln. Die Peperoni abtropfen lassen.

5. Den Pizzateig mit der Tomatensoße bestreichen. Mozzarella, Paprikastreifen, Champignonscheiben und Peperoni darauf verteilen. Mit Oregano, Salz und Pfeffer würzen. Den Pizzakäse darüberstreuen.

6. Die Pizza im Ofen (Mitte) 10–15 Minuten backen. Aus dem Ofen nehmen und den Rucola darauf verteilen.

LOGI klassisch

1 Portion mit 375 g liefert 610 kcal, 38 g Protein, 37 g Fett, 32 g Kohlenhydrate.

Mediterrane Auberginenröllchen

Für 1 Person

LOGI klassisch

1 große Aubergine (ca. 300 g)
Salz nach Geschmack
3 EL Olivenöl
40 g Pecorino
10 g Pinienkerne
100 g Kichererbsen (aus der Dose)
15 g getrocknete Tomaten (in Öl eingelegt)
20 g schwarze Oliven (in Wasser eingelegt, ohne Stein)
1 EL gehackte glatte Petersilie
1 Zweig Thymian
1 EL Zitronensaft
5–6 Zahnstocher

Turbo-LOGI

½ Aubergine (ca. 150 g)
Salz nach Geschmack
2 EL Olivenöl
20 g Pecorino
5 g Pinienkerne
50 g Kichererbsen (aus der Dose)
10 g getrocknete Tomaten (in Öl eingelegt)
20 g schwarze Oliven (in Wasser eingelegt, ohne Stein)
1 EL gehackte glatte Petersilie
1 Zweig Thymian
1 EL Zitronensaft
5–6 Zahnstocher

LOGI klassisch

1. Den Backofen auf 200 °C Ober-/Unterhitze (180 °C Umluft) vorheizen. Ein Backblech mit Backpapier auslegen.

2. Die Aubergine waschen, putzen und längs in 5 mm dicke Scheiben schneiden. Diese von beiden Seiten salzen, auf das Backblech legen und 10 Minuten ziehen lassen. Anschließend von beiden Seiten mit 2 EL Olivenöl bestreichen und im Ofen 10–12 Minuten backen. Zwischendurch einmal wenden. Anschließend herausnehmen und abkühlen lassen.

3. In der Zwischenzeit den Pecorino raspeln. Die Pinienkerne in einer beschichteten Pfanne ohne Fett anrösten, abkühlen lassen und grob hacken. Die Kichererbsen in einem Sieb abtropfen lassen. In einer Schüssel mit dem restlichen Olivenöl mit dem Stabmixer pürieren. Die getrockneten Tomaten und die Oliven abtropfen lassen und sehr klein schneiden. Die Kräuter waschen, trocken schütteln und hacken bzw. die Blättchen abzupfen. Alles in eine Schüssel geben und mit dem Zitronensaft gut verrühren. Nach Geschmack salzen.

4. Die Auberginenscheiben auf einer Seite mit der Kichererbsencreme bestreichen, dann einrollen und mit einem Zahnstocher fixieren.

Turbo-LOGI

Zubereitung wie bei LOGI klassisch, aber in Schritt 2 die Auberginenscheiben von beiden Seiten mit 1 EL Olivenöl bestreichen.

LOGI klassisch

1 Portion mit 510 g liefert
605 kcal, 28 g Protein, 40 g Fett,
27 g Kohlenhydrate.

Turbo-LOGI

1 Portion mit 275 g liefert
335 kcal, 15 g Protein, 23 g Fett,
14 g Kohlenhydrate.

Ziegenkäse auf Zucchinicarpaccio mit Basilikum-Tomaten-Pesto

Für 1 Person

LOGI klassisch

Für das Pesto:

25 g getrocknete Tomaten (in Öl eingelegt)
20 g schwarze Oliven (in Wasser eingelegt, ohne Stein)
½ Bund Basilikum
1 kleine Knoblauchzehe
10 g Pinienkerne
10 g Parmesan
1 EL Tomatenmark
2 EL Olivenöl
½ TL getrockneter Oregano
grobes Meersalz und schwarzer Pfeffer nach Geschmack

Für das Zucchinicarpaccio:

½ Zucchini (ca. 200 g)
grobes Meersalz nach Geschmack
2 Ziegentaler (à 50 g)
2 EL Olivenöl
schwarzer Pfeffer aus der Mühle

LOGI klassisch

1. Den Backofen auf 250 °C Grillstufe vorheizen. Den Ofenrost mit Backpapier belegen.

2. Die Tomaten und die Oliven abtropfen lassen. Das Basilikum waschen, trocken schütteln und die Blätter abzupfen. Den Knoblauch abziehen und zerdrücken. Die Pinienkerne in einer beschichteten Pfanne ohne Fett anrösten. Oliven, Pinienkerne, Tomaten und Basilikum fein hacken. Den Parmesan reiben.

3. Die vorbereiteten Zutaten mit Tomatenmark, Olivenöl und Oregano in ein hohes Gefäß geben und mit dem Stabmixer pürieren. Anschließend mit Salz und Pfeffer abschmecken. Pesto in eine Schüssel füllen.

4. Die Zucchini putzen, waschen, der Länge nach in dünne Scheiben hobeln und salzen. Scheiben auf dem Ofenrost verteilen und im Ofen (oben) 2–3 Minuten grillen, dann wenden und weitere 2–3 Minuten grillen.

5. 2 Stück Alufolie und die Ziegentaler gut mit Öl einpinseln. Die Ziegentaler in die Alufolie wickeln, fest verschließen, auf den Ofenrost setzen und im Ofen (oben) 1–2 Minuten grillen, einmal wenden, dann noch einmal 1–2 Minuten grillen.

6. Die Zucchinischeiben auf einem Teller anrichten und die warmen Ziegentaler daraufsetzen. Mit dem Pesto servieren.

LOGI klassisch
*1 Portion mit 390 g liefert
600 kcal, 26 g Protein, 50 g Fett,
11 g Kohlenhydrate.*

Italienischer Auberginenauflauf mit Mozzarella

Für 1 Person

LOGI klassisch

300 g Auberginen
½ Zwiebel
1 Knoblauchzehe
3–5 Basilikumblättchen
1 TL Olivenöl und etwas Öl für die Form
400 g geschälte Tomaten (aus der Dose)
getrockneter Oregano, Salz und schwarzer Pfeffer aus der Mühle nach Geschmack
125 g Mozzarella
20 g geriebener Parmesan
Auflaufform (20–25 cm)

Turbo-LOGI

150 g Auberginen
½ kleine Zwiebel
1 kleine Knoblauchzehe
2–3 Basilikumblättchen
1 TL Olivenöl und etwas Öl für die Form
200 g geschälte Tomaten (aus der Dose)
getrockneter Oregano, Salz und schwarzer Pfeffer aus der Mühle nach Geschmack
60 g Mozzarella
10 g frisch geriebener Parmesan
Auflaufform (15–20 cm)

LOGI klassisch

1. Den Backofen auf 220 °C Ober-/Unterhitze (200 °C Umluft) vorheizen. Backpapier auf ein Backblech legen.

2. Die Auberginen waschen, trocken tupfen, putzen und in fingerdicke Scheiben schneiden. Die Auberginenscheiben auf das Blech legen und im Ofen (Mitte) 10–14 Minuten backen, dabei einmal wenden. Sie sind gar, wenn sie Farbe annehmen. Aus dem Ofen nehmen.

3. Die Zwiebel und den Knoblauch abziehen, die Zwiebel in Ringe, den Knoblauch in feine Würfel schneiden. Basilikum waschen, trocken schütteln und in feine Streifen schneiden. 1 TL Öl in einer beschichteten Pfanne erhitzen. Die Zwiebel und den Knoblauch darin glasig dünsten. Die geschälten Tomaten zugeben, mit Oregano, Salz, Pfeffer und Basilikumstreifen würzen. Soße 8–10 Minuten auf niedriger Stufe offen köcheln lassen.

4. Den Mozzarella abtropfen lassen und in dünne Scheiben schneiden.

5. Eine Auflaufform dünn mit Öl einpinseln, 2 EL Tomatensoße hineingeben, mit einer Schicht Auberginenscheiben bedecken. Darauf 2–3 EL Tomatensoße, einige Mozzarellascheiben und 1 TL geriebenen Parmesan schichten. Das Ganze so lange wiederholen, bis alle Zutaten aufgebraucht sind. Die oberste Schicht bilden Mozzarella und Parmesan.

6. Den Auberginenauflauf im Ofen (Mitte) 15–20 Minuten backen.

Turbo-LOGI

Zubereitung wie bei LOGI klassisch.

LOGI klassisch

1 Portion mit 800 g liefert
560 kcal, 35 g Protein, 39 g Fett,
22 g Kohlenhydrate.

Turbo-LOGI

1 Portion mit 455 g liefert
325 kcal, 18 g Protein, 22 g Fett,
13 g Kohlenhydrate.

Gemüsegratin mit Pinienkernen

Für 1 Person

LOGI klassisch

1 (150 g) Fenchelknolle
150 g Möhren
50 g Zuckerschoten
100 g Brechbohnen
Salz nach Geschmack
10 g Pinienkerne
1 EL Olivenöl
schwarzer Pfeffer nach Geschmack
125 g Mozzarella
Auflaufform (20 cm)

Turbo-LOGI

1 (120 g) Fenchelknolle
80 g Möhren
30 g Zuckerschoten
50 g Brechbohnen
Salz nach Geschmack
5 g Pinienkerne
1 TL Olivenöl
schwarzer Pfeffer nach Geschmack
60 g Mozzarella
Auflaufform (12–15 cm)

LOGI klassisch

1. Den Backofen auf 220 °C Ober-/Unterhitze (200 °C Umluft) vorheizen.

2. Den Fenchel und die Möhren putzen, waschen und in dünne Scheiben schneiden. Die Zuckerschoten und die Brechbohnen waschen und putzen.

3. In einem großen Topf Salzwasser zum Kochen bringen und das Gemüse darin nacheinander jeweils etwa 3 Minuten blanchieren. Mit eiskaltem Wasser abschrecken und in einem Sieb abtropfen lassen.

4. Die Pinienkerne in einer beschichteten Pfanne ohne Fett anrösten.

5. Eine Auflaufform dünn mit Öl einfetten. Das Gemüse nach Farben sortiert einschichten, mit etwas Salz und Pfeffer würzen.

6. Den Mozzarella abtropfen lassen und in sehr feine Stifte schneiden. Den Auflauf mit Mozzarella und Pinienkernen bestreuen. Mit Salz und Pfeffer würzen. Im Ofen (Mitte) etwa 15–20 Minuten überbacken, bis der Käse goldgelb ist.

Turbo-LOGI

Zubereitung wie bei LOGI klassisch.

LOGI klassisch
1 Portion mit 595 g liefert
635 kcal, 32 g Protein, 42 g Fett,
28 g Kohlenhydrate.

Turbo-LOGI
1 Portion mit 345 g liefert
325 kcal, 16 g Protein, 21 g Fett,
16 g Kohlenhydrate.

Zucchinispaghetti mit Tomaten und Mozzarella

Für 1 Person

LOGI klassisch

1 (250 g) Zucchini
20 g Vollkorn-Spaghetti
Salz nach Geschmack
150 g Cocktailtomaten
20 g getrocknete Tomaten (in Öl eingelegt)
75 g Mini-Mozzarella
25 g schwarze Oliven (in Wasser eingelegt, ohne Stein)
3–4 frische Basilikumblätter
10 g Pinienkerne
2 EL Olivenöl
3 EL dunkler Aceto balsamico
schwarzer Pfeffer nach Geschmack
10 g gehobelter Parmesan

Turbo-LOGI

1 (250 g) Zucchini
Salz nach Geschmack
100 g Cocktailtomaten
20 g getrocknete Tomaten (in Öl eingelegt)
60 g Mini-Mozzarella
15 g schwarze Oliven (in Wasser eingelegt, ohne Stein)
3–4 frische Basilikumblätter
5 g Pinienkerne
1 TL Olivenöl
2 EL dunkler Aceto balsamico
schwarzer Pfeffer nach Geschmack
5 g gehobelter Parmesan

LOGI klassisch

1. Die Zucchini waschen, putzen und mit einem Spiralschneider in feine Streifen wie Spaghetti schneiden. Oder mit einem Sparschäler wie Bandnudeln hobeln. In eine Schüssel geben.

2. Die Vollkornspaghetti in einem Topf mit kochendem Salzwasser nach Packungsangabe bissfest garen, dann in ein Sieb abgießen, abtropfen lassen und unter die Zucchinispaghetti mischen.

3. Die Tomaten waschen, halbieren und die Stielansätze entfernen. Getrocknete Tomaten, Mozzarella und Oliven abtropfen lassen. Getrocknete Tomaten fein hacken. Die Mozzarellakugeln halbieren und die Oliven in Scheiben schneiden. Die Basilikumblätter waschen, trocken schütteln und hacken. Die Pinienkerne in einer Pfanne ohne Fett rösten, dann herausnehmen.

4. Frische und getrocknete Tomaten, Mozzarella, Oliven, Basilikum und Pinienkerne in die Schüssel zu den Spaghetti geben und untermischen.

5. Das Olivenöl und den Essig in einer Schüssel verrühren und mit der Spaghetti-Mischung vermengen. Mit Salz und Pfeffer nach Geschmack würzen. Die Zucchinispaghetti auf Tellern anrichten, mit Parmesan bestreuen und servieren.

Turbo-LOGI

Zubereitung wie bei LOGI klassisch, aber Schritt 2 entfällt.

LOGI klassisch

1 Portion mit 600 g liefert
600 kcal, 27 g Protein, 40 g Fett,
32 g Kohlenhydrate.

Turbo-LOGI

1 Portion mit 440 g liefert
355 kcal, 20 g Protein, 25 g Fett,
11 g Kohlenhydrate.

Scharfe Linsen-Feta-Bällchen mit Joghurtdip

Für 1 Person

LOGI klassisch

50 g rote Linsen
200 ml Wasser
Salz und Cayennepfeffer nach Geschmack
1 Frühlingszwiebel
1 kleine Knoblauchzehe
5 weiche Salatblätter, z. B. Kopfsalat
60 g Feta
1½ EL Olivenöl
10 g Tomatenmark
10 g Paprikamark
½ TL scharfes Paprikapulver
½ TL edelsüßes Paprikapulver
1 EL frisch gehackte glatte Petersilie
75 g Joghurt (3,5 % Fett)

LOGI klassisch

1. Die Linsen in einem Topf mit dem Wasser aufkochen und bei kleiner Hitze unter Rühren 5 Minuten köcheln lassen. Durch ein Sieb abgießen, in eine Schüssel geben, mit Salz und Cayennepfeffer würzen und abkühlen lassen.

2. Inzwischen die Frühlingszwiebel putzen, waschen und in sehr feine Ringe schneiden. Den Knoblauch abziehen. Die Salatblätter waschen und mit Küchenpapier trocken tupfen. Den Feta mit einer Gabel zerbröckeln.

3. In einer beschichteten Pfanne 1 EL Olivenöl erhitzen. Den Knoblauch dazupressen, die Frühlingszwiebel hinzufügen und beides glasig dünsten. Das Tomaten- und Paprikamark unterrühren und kurz mitbraten. Diese Mischung mit Feta, beiden Sorten Paprikapulver und Petersilie zu den Linsen geben und alles verkneten. Aus dem Linsenteig 5 Bällchen formen und jeweils in 1 Salatblatt wickeln.

4. Für den Dip den Joghurt in einer Schüssel mit dem restlichen Olivenöl, Salz und Cayennepfeffer verrühren. Die Linsenbällchen mit dem Joghurtdip genießen.

LOGI klassisch

1 Portion mit 350 g liefert 565 kcal, 29 g Protein, 34 g Fett, 34 g Kohlenhydrate.

Spinat-Kichererbsen-Pfanne mit Datteln

Für 1 Person

LOGI klassisch
10 g Mandelblättchen
200 g frischer Blattspinat
100 g Möhren
1 kleine Knoblauchzehe
½ rote Zwiebel
20 g getrocknete Datteln (ohne Stein)
100 g Kichererbsen (aus der Dose)
2 EL Olivenöl
Salz und Cayennepfeffer nach Geschmack
20 g gehobelter Parmesan

Turbo-LOGI
10 g Mandelblättchen
200 g frischer Blattspinat
100 g Möhren
1 kleine Knoblauchzehe
½ rote Zwiebel
10 g getrocknete Datteln (ohne Stein)
50 g Kichererbsen (aus der Dose)
1 EL Olivenöl
Salz und Cayennepfeffer nach Geschmack
10 g gehobelter Parmesan

LOGI klassisch

1. Die Mandeln in einer Pfanne ohne Fett rösten. Den Spinat verlesen, waschen und abtropfen lassen. Die Möhren putzen, schälen und in ca. 1 cm dicke Scheiben schneiden. Den Knoblauch abziehen und vierteln. Die Zwiebel abziehen und hacken. Die Datteln klein schneiden. Die Kichererbsen in einem Sieb abtropfen lassen.

2. In einer beschichteten Pfanne ohne Fett den Spinat bei niedriger Hitze zusammenfallen lassen. Den Spinat in einem Sieb abkühlen lassen, dann ausdrücken.

3. In einer beschichteten Pfanne das Olivenöl erhitzen, Knoblauch und Zwiebel darin glasig dünsten. Die Möhren hinzufügen und 6–8 Minuten mitgaren. Dann Spinat, Kichererbsen, Datteln und Mandeln dazugeben und alles verrühren. Mit Salz und Cayennepfeffer würzen. Das Gemüse auf einem Teller anrichten und mit gehobeltem Parmesan bestreuen.

Turbo-LOGI

Zubereitung wie bei LOGI klassisch.

LOGI klassisch

1 Portion mit 515 g liefert
565 kcal, 23 g Protein, 30 g Fett,
34 g Kohlenhydrate.

Turbo-LOGI

1 Portion mit 435 g liefert
340 kcal, 16 g Protein, 16 g Fett,
26 g Kohlenhydrate.

Pilz-Blumenkohl-Risotto

Für 1 Person

LOGI klassisch

10 g getrocknete Steinpilze
50 ml heißes Wasser
200 g Blumenkohlröschen
150 g braune Champignons
3–4 frische Salbeiblätter
20 g Butter
Salz, schwarzer Pfeffer aus der Mühle, frisch geriebene Muskatnuss nach Geschmack
20 g Frühlingszwiebeln
30 g Parmesan
1 EL Olivenöl
30 g Risotto-Reis
100 ml Gemüsebrühe
15 g Schmelzkäse (Vollfett- oder Rahmstufe)

LOGI klassisch

1. Die Steinpilze in einer Schüssel mit dem heißen Wasser 15 Minuten einweichen. Den Blumenkohl putzen, waschen, mit Küchenpapier trocken tupfen und mit einer Küchenmaschine oder mit einer Reibe zu Reiskorngröße zerkleinern.

2. Die Champignons putzen, säubern und vierteln. Den Salbei waschen, trocken schütteln und in Streifen schneiden. Die Steinpilze durch ein Sieb abgießen und dabei 2 EL Einweichwasser auffangen. In einer beschichteten Pfanne die Hälfte der Butter zerlassen. Den Salbei darin kurz schwenken, dann die Champignons dazugeben und 2–3 Minuten braten. Steinpilze und 1 EL Einweichwasser dazugeben. Mit Salz, Pfeffer und Muskat würzen. Alles bei kleiner Hitze 8–10 Minuten köcheln lassen.

3. Die Frühlingszwiebeln putzen, waschen und fein hacken. Den Parmesan fein reiben. In einem kleinen Topf das Olivenöl erhitzen, Frühlingszwiebeln und Reis darin unter Rühren glasig dünsten. 3 EL Brühe und das restliche Einweichwasser dazugeben und bei kleiner Hitze köcheln lassen, dabei zwischendurch umrühren. Sobald die Flüssigkeit aufgesogen ist, etwas Brühe dazugeben, köcheln lassen und gelegentlich umrühren. So fortfahren, bis die Brühe aufgebraucht und der Reis weich ist.

4. In einer großen beschichteten Pfanne die restliche Butter erhitzen. Die Blumenkohlrapsel dazugeben, mit Salz und Pfeffer würzen und unter Rühren 3 Minuten anbraten. Dann Reis und Champignons untermischen und 3 Minuten mitbraten. Den Schmelzkäse und 20 g Parmesan einrühren und alles weitere 2 Minuten garen. Der Blumenkohl sollte bissfest sein. Den Risotto auf einem Teller anrichten und mit dem restlichen Parmesan bestreuen.

LOGI klassisch
1 Portion mit 580 g liefert 625 kcal, 28 g Protein, 42 g Fett, 28 g Kohlenhydrate.

Rote-Bete-Carpaccio mit Ziegenfrischkäsecreme

Für 1 Person

LOGI klassisch

Salz nach Geschmack
2 Knollen (ca. 300 g) frische Rote Bete (ersatzweise auch vorgekocht und vakuumverpackt)
schwarzer Pfeffer nach Geschmack
3 Stängel Basilikum
1–2 EL dunkler Aceto balsamico
1 TL Dijon-Senf
1 TL Honig
2 EL Olivenöl
100 g Hüttenkäse
100 g Ziegenfrischkäse
10 g Pinienkerne
Gummihandschuhe

Turbo-LOGI

Salz nach Geschmack
150 g frische Rote Bete (ersatzweise auch vorgekocht und vakuumverpackt)
schwarzer Pfeffer nach Geschmack
2–3 Zweige Basilikum
1 EL dunkler Aceto balsamico
½ TL Dijon-Senf
½ TL Honig
1 EL Olivenöl
60 g Hüttenkäse
50 g Ziegenfrischkäse
5 g Pinienkerne
Gummihandschuhe

LOGI klassisch

1. In einem Topf reichlich Salzwasser zum Kochen bringen. Die Roten Beten putzen, waschen, in den Topf geben und etwa 1 Stunde kochen. Die Gummihandschuhe anziehen, das heiße Wasser abkippen, die Roten Beten mit eiskaltem Wasser abschrecken und unter fließendem kaltem Wasser die Schale abziehen. Knollen abkühlen lassen und dann in ganz dünne Scheiben hobeln. Die Scheiben fächerförmig überlappend auf einen Teller legen und mit Salz und Pfeffer würzen.

2. Das Basilikum waschen, trocken schütteln und die Blättchen abzupfen. 5–6 Blättchen beiseitelegen, die restlichen Blätter hacken. In einer Schüssel mit Balsamico, Senf und Honig verrühren, mit Salz und Pfeffer würzen. Das Öl unterschlagen. Das Dressing über das Carpaccio träufeln. Zugedeckt etwa 15 Minuten ziehen lassen.

3. Den Hüttenkäse in einer Schüssel mit dem Ziegenfrischkäse verrühren. Die Pinienkerne in einer beschichteten Pfanne ohne Fett rösten.

4. Die Käsecreme auf dem Rote-Bete-Carpaccio verteilen, die Pinienkerne und die beiseitegelegten Basilikumblättchen gleichmäßig darüberstreuen.

Turbo-LOGI

Zubereitung wie bei LOGI klassisch.

LOGI klassisch
1 Portion mit 445 g liefert 605 kcal, 34 g Protein, 40 g Fett, 27 g Kohlenhydrate.

Turbo-LOGI
1 Portion mit 290 g liefert 335 kcal, 19 g Protein, 20 g Fett, 19 g Kohlenhydrate.

Auberginentaler mit Feta und Oliven

Für 1 Person

LOGI klassisch
1 (300 g) Aubergine
Salz nach Geschmack
1 EL Olivenöl
2 EL getrocknete italienische Kräuter, z. B. Basilikum, Thymian, Rosmarin, Oregano
100 g Feta
50 g grüne Oliven (in Wasser eingelegt, ohne Stein)
½ grüne Paprika
5–6 Basilikumblättchen
120 g passierte Tomaten (aus der Dose)
50 g Tomatenmark
schwarzer Pfeffer nach Geschmack

Turbo-LOGI
½ (150 g) Aubergine
Salz nach Geschmack
1 EL Olivenöl
2 EL getrocknete italienische Kräuter, z. B. Basilikum, Thymian, Rosmarin, Oregano
50 g Feta
25 g grüne Oliven (in Wasser eingelegt, ohne Stein)
40 g grüne Paprika
3–4 Basilikumblättchen
80 g passierte Tomaten (aus der Dose)
25 g Tomatenmark
schwarzer Pfeffer nach Geschmack

LOGI klassisch

1. Die Auberginen waschen, putzen, quer in fingerdicke Scheiben schneiden, salzen und zugedeckt 15–20 Minuten ruhen lassen.

2. Nach der Hälfte der Zeit den Backofen auf 200 °C Ober-/Unterhitze (180 °C Umluft) vorheizen. Ein Backblech mit Backpapier auslegen.

3. Die Auberginenscheiben abtropfen lassen, mit Küchenpapier trocken tupfen und auf das Backpapier legen. Mit Olivenöl bestreichen, mit 1 EL Kräutern bestreuen und im Ofen (Mitte) 25 Minuten garen.

4. Währenddessen den Feta und die Oliven abtropfen lassen, die Oliven in Scheiben und den Feta ganz klein würfeln. Die Paprika waschen, putzen und in kleine Stücke schneiden. Basilikum waschen und trocken schütteln.

5. Die passierten Tomaten in einer Schüssel mit dem Tomatenmark und den restlichen italienischen Kräutern verrühren. Die Auberginenscheiben gleichmäßig damit bestreichen und mit Feta, Oliven und Paprika belegen.

6. Anschließend die Auberginentaler noch einmal 5–8 Minuten im Ofen erhitzen, bis der Käse leicht angeschmolzen ist. Mit Pfeffer abschmecken. Vor dem Servieren mit Basilikum bestreuen.

Turbo-LOGI

Zubereitung wie bei LOGI klassisch.

__LOGI klassisch__
1 Portion mit 700 g liefert
570 kcal, 25 g Protein, 42 g Fett,
18 g Kohlenhydrate.

__Turbo-LOGI__
1 Portion mit 365 g liefert
335 kcal, 12 g Protein, 27 g Fett,
9 g Kohlenhydrate.

Kohlrabischnitzel mit Kräuter-Quark-Dip

Für 1 Person

LOGI klassisch
1 (ca. 250 g) Kohlrabi
Salz nach Geschmack
1 Spritzer Zitronensaft
schwarzer Pfeffer nach Geschmack
2 Eier (Größe M)
2 EL Mehl
40 g fein geriebener Parmesan
2 EL neutrales Kokosfett
100 g Quark (20 % Fett i. Tr.)
3 EL frisch gehackte Kräuter, z. B. krause Petersilie

LOGI klassisch

1. Den Kohlrabi schälen und in 0,5 cm dicke Scheiben schneiden. In einem Topf mit kochendem Salzwasser und 1 Spritzer Zitronensaft etwa 4 Minuten blanchieren. In einem Sieb abtropfen und abkühlen lassen.

2. Die Kohlrabischeiben auf beiden Seiten mit Salz und Pfeffer würzen.

3. Die Eier in einem tiefen Teller mit der Gabel verquirlen. Das Mehl auf einen zweiten Teller geben. Den Parmesan auf einem weiteren Teller verteilen. Die Kohlrabischeiben erst im Mehl wenden, etwas abklopfen, dann durch die Eiermasse und danach durch den Parmesan ziehen. Den Käse leicht andrücken.

4. Das Kokosfett in einer beschichten Pfanne erhitzen und die Kohlrabischeiben bei mittlerer Hitze ca. 2–3 Minuten darin von beiden Seiten knusprig braten.

5. Den Quark in einer Schüssel mit den Kräutern verrühren, mit Salz und Pfeffer abschmecken und zu den Kohlrabischnitzeln servieren.

LOGI klassisch

1 Portion mit 475 g liefert 610 kcal, 35 g Protein, 40 g Fett, 24 g Kohlenhydrate.

Rotes Erbsen-Tofu-Curry

Für 1 Person

LOGI klassisch

50 g Erbsen (tiefgekühlt)
1 Knoblauchzehe
1 walnussgroßes Stück frischer Ingwer
150 g Naturtofu
2 TL Kokosfett
Salz nach Geschmack
1 TL rote Currypaste
200 ml Kokosmilch
200 ml Gemüsebrühe
schwarzer Pfeffer nach Geschmack
1 EL frisch gehackter Koriander

Turbo-LOGI

30 g Erbsen (tiefgekühlt)
1 kleine Knoblauchzehe
1 walnussgroßes Stück frischer Ingwer
75 g Naturtofu
2 TL Kokosfett
Salz nach Geschmack
½ TL rote Currypaste
100 ml Kokosmilch
100 ml Gemüsebrühe
schwarzer Pfeffer nach Geschmack
1 EL frisch gehackter Koriander

LOGI klassisch

1. Die Erbsen auftauen lassen. Den Knoblauch abziehen und pressen. Den Ingwer schälen und fein hacken. Den Tofu abtropfen lassen, in 1 cm große Würfel schneiden und mit Küchenpapier trocken tupfen.

2. 1 TL Kokosfett in einer beschichteten Pfanne erhitzen, den Tofu dazugeben, salzen und bei hoher Hitze rundum anbraten, bis er gebräunt ist. Den Tofu aus der Pfanne nehmen und beiseitestellen.

3. Das restliche Kokosfett in einem hohen Topf erhitzen, Currypaste, Knoblauch und Ingwer bei mittlerer Hitze darin 2 Minuten unter Rühren anrösten. Mit 100 ml Kokosmilch und der Gemüsebrühe ablöschen. Unter Rühren 3–4 Minuten köcheln lassen, anschließend die restliche Kokosmilch, die Erbsen und den Tofu unterrühren. Curry weitere 2 Minuten köcheln lassen, mit Pfeffer abschmecken und mit Koriander bestreut servieren.

Turbo-LOGI

Zubereitung wie bei LOGI klassisch, nur in Schritt 3 mit 50 ml Kokosmilch ablöschen.

LOGI klassisch

1 Portion mit 610 g liefert
575 kcal, 27 g Protein, 45 g Fett,
14 g Kohlenhydrate.

Turbo-LOGI

1 Portion mit 340 g liefert
335 kcal, 14 g Protein, 28 g Fett,
8 g Kohlenhydrate.

Pilzpfanne mit Ricottacreme

Für 1 Person

LOGI klassisch

400 g Champignons
1 Zwiebel
1 Knoblauchzehe
4 Zweige Thymian
2 EL Olivenöl
Salz und schwarzer Pfeffer nach Geschmack
1 TL getrockneter Majoran
100 g Ricotta
50 g Magerquark
200 ml Buttermilch
1 EL mittelscharfer Senf
1 EL Zitronensaft

Turbo-LOGI

300 g Champignons
½ Zwiebel
1 kleine Knoblauchzehe
4 Zweige Thymian
1 EL Olivenöl
Salz und schwarzer Pfeffer nach Geschmack
1 TL getrockneter Majoran
70 g Ricotta
30 g Magerquark
60 ml Buttermilch
1 TL mittelscharfer Senf
1 EL Zitronensaft

LOGI klassisch

1. Die Pilze putzen, säubern und je nach Größe halbieren. Die Zwiebel und den Knoblauch abziehen und fein hacken. Thymian waschen, trocken schütteln, von 2 Zweigen die Blättchen abzupfen.

2. 1 EL Öl in einer beschichteten Pfanne erhitzen. Die Zwiebel und den Knoblauch darin glasig dünsten, die Pilze dazugeben und unter Rühren bei mittlerer Hitze ca. 10 Minuten braten. Mit Salz, Pfeffer und Majoran würzen.

3. Das restliche Olivenöl in einer Schüssel mit Ricotta, Quark, Buttermilch, Senf, Zitronensaft, den abgezupften Thymianblättchen, Salz und Pfeffer verrühren. Die Mischung zu den Pilzen geben, kurz aufkochen und dann ca. 5 Minuten köcheln lassen. Mit Salz und Pfeffer abschmecken und mit Thymianzweigen garniert servieren.

Turbo-LOGI

Zubereitung wie bei LOGI klassisch, aber in Schritt 3 kein Öl mehr verwenden.

LOGI klassisch
1 Portion mit 850 g liefert
515 kcal, 40 g Protein, 29 g Fett,
17 g Kohlenhydrate.

Turbo-LOGI
1 Portion mit 515 g liefert
330 kcal, 25 g Protein, 20 g Fett,
10 g Kohlenhydrate.

Griechische Pfanne mit Halloumi und grünen Oliven

Für 1 Person

LOGI klassisch
100 g Halloumi
100 g grüne Oliven (in Wasser eingelegt, ohne Stein)
5–6 Zweige Thymian
1 EL Olivenöl
1 TL rotes Pesto (aus dem Glas)
Salz und Pfeffer nach Geschmack
1 EL weißer Sesam
1 TL Balsamicocreme

LOGI klassisch

1. Den Halloumi würfeln. Die Oliven abtropfen lassen. Den Thymian waschen und trockenschütteln.

2. Das Olivenöl in einer beschichteten Pfanne erhitzen und den Halloumi und die Oliven bei mittlerer Hitze ca. 5–6 Minuten unter Rühren braten.

3. Das Pesto und die Thymianzweige einrühren und weitere 2–3 Minuten braten. Zum Schluss mit Salz und Pfeffer würzen. Vor dem Servieren mit Sesam bestreuen und die Balsamicocreme darüberträufeln.

Tipp:
Das Gericht enthält wenig wasser- und ballaststoffreiche Lebensmittel, deswegen empfehlen wir Ihnen zur Griechischen Pfanne einen Tomatensalat angemacht mit Olivenöldressing.

LOGI klassisch

1 Portion mit 360 g liefert
600 kcal, 32 g Protein, 50 g Fett,
11 g Kohlenhydrate.

Eiergerichte

Kein anderes Lebensmittel enthält so viele Nährstoffe auf 100 Kilokalorien.

Das Ei ist eine kleine Nährstoffbombe. Denn es verbirgt unter der Schale viele wichtige Dinge wie biologisch wertvolles Eiweiß, gesundes Fett, Vitamine und Mineralstoffe. Es ist ein kleines Kraftpaket. Ob nun gebraten, hart gekocht oder pochiert – das Hühnerei gehört auf einen egg-zellenten LOGI-Speiseplan.

Spinat-Eier-Rolle mit Lachs

Für 1 Person

LOGI klassisch

Für den Teig:

150 g Blattspinat (tiefgekühlt)
3 Eier (Größe M)
20 g geriebener Gratinkäse
1 Msp. geriebene Muskatnuss
Salz und schwarzer Pfeffer nach Geschmack

Für die Füllung:

50 g Frischkäse (Magerstufe)
75 g geräucherter Lachs (in Scheiben)
1 TL süßer Senf

Turbo-LOGI

Für den Teig:

100 g Blattspinat (tiefgekühlt)
2 Eier (Größe M)
10 g geriebener Gratinkäse
1 Msp. geriebene Muskatnuss
Salz und Pfeffer nach Geschmack

Für die Füllung:

50 g Frischkäse (Magerstufe)
50 g geräucherter Lachs (in Scheiben)
1 TL süßer Senf

LOGI klassisch

1. Den Backofen auf 200 °C Ober-/Unterhitze (180 °C Umluft) vorheizen. Ein Backblech mit Backpapier belegen.

2. Den Spinat auftauen, ausdrücken und in einer Schüssel mit dem Stabmixer pürieren. Die Eier trennen. Die Eigelbe in einer Schüssel mit dem Spinat und dem Käse verrühren. Mit Muskat, Salz und Pfeffer würzen. Das Eiweiß in einer Schüssel mit dem Handrührgerät steif schlagen und dann unter die Ei-Spinat-Käse-Masse heben.

3. Die Eimasse dünn auf dem Backblech verstreichen. Im Ofen (Mitte) 15 Minuten backen. Dann herausnehmen und abkühlen lassen.

4. Das Omelette einseitig mit Frischkäse bestreichen. Den Lachs darauf verteilen und mit Senf bestreichen.

5. Das Omelette fest aufrollen. Die Eierrolle in 1–2 cm dicke Scheiben schneiden und diese auf einem Teller anrichten.

Turbo-LOGI

Zubereitung wie bei LOGI klassisch.

LOGI klassisch

1 Portion mit 490 g liefert
535 kcal, 56 g Protein, 31 g Fett,
6 g Kohlenhydrate.

Turbo-LOGI

1 Portion mit 335 g liefert
355 kcal, 38 g Protein, 20 g Fett,
5 g Kohlenhydrate.

Andalusische Eier

Für 1 Person

LOGI klassisch

½ Zwiebel
1 kleine Knoblauchzehe
100 g rote Paprika
150 g Tomaten
1 EL Olivenöl
¼ TL edelsüßes Paprikapulver
Salz und schwarzer Pfeffer nach Geschmack
2 Eier (Größe M)
1 Scheibe (15 g) Serranoschinken
1 Scheibe (15 g) Chorizowurst
10 g Erbsen (aus der Dose oder tiefgekühlt)
1 EL frisch gehackte glatte Petersilie
1 Scheibe (30 g) Olivenbaguette
Auflaufform (Ø 16 cm)

Turbo-LOGI

½ Zwiebel
1 kleine Knoblauchzehe
100 g rote Paprika
150 g Tomaten
1 EL Olivenöl
¼ TL edelsüßes Paprikapulver
Salz und schwarzer Pfeffer nach Geschmack
1 Ei (Größe M)
1 Scheibe (15 g) Serranoschinken
1 Scheibe (15 g) Chorizowurst
10 g Erbsen (aus der Dose oder tiefgekühlt)
1 EL frisch gehackte glatte Petersilie

LOGI klassisch

1. Den Backofen auf 220 °C Ober-/Unterhitze (200 °C Umluft) vorheizen.

2. Die Zwiebel abziehen und fein würfeln. Den Knoblauch abziehen und zerdrücken. Die Paprika putzen, waschen und hacken. Die Tomaten waschen, von den Stielansätzen befreien und klein würfeln.

3. Das Olivenöl in einer beschichteten Pfanne erhitzen, Zwiebel und Paprika darin weich braten. Knoblauch und Tomaten hinzufügen, mit Paprikapulver, Salz und Pfeffer würzen. Das Gemüse bei mittlerer Hitze 5 Minuten braten.

4. Das Gemüse auf die Auflaufform verteilen. Die Eier auf das Gemüse aufschlagen. Serranoschinken und Chorizowurst sowie die abgetropften Erbsen darauf verteilen.

5. Die Auflaufform in den Ofen (Mitte) stellen und die Eier 15 Minuten backen, bis das Eiweiß gestockt und das Eigelb noch weich ist, dann die Form aus dem Ofen nehmen. Die Eier mit Petersilie bestreuen und mit Olivenbaguette servieren.

Turbo-LOGI

Zubereitung wie bei LOGI klassisch, aber in Schritt 4 nur 1 Ei aufschlagen.

Das Gericht ohne Olivenbaguette servieren.

LOGI klassisch

1 Portion mit 510 g liefert
505 kcal, 28 g Protein, 30 g Fett,
28 g Kohlenhydrate.

Turbo-LOGI

1 Portion mit 410 g liefert
345 kcal, 17 g Protein, 23 g Fett,
14 g Kohlenhydrate.

Pochierte Eier mit Blattspinat und Kartoffelpüree

Für 1 Person

LOGI klassisch
Salz nach Geschmack
100 g mehlige Kartoffeln
½ Knoblauchzehe
20 g Feta
20 g grüne und schwarze Oliven (in Wasser eingelegt, ohne Stein)
500 g junger Blattspinat (frisch oder 300 g tiefgekühlt)
½ Zwiebel
3 EL Milch (3,5 % Fett)
5 g Butter
weißer Pfeffer nach Geschmack
1 TL Olivenöl
10 g geriebener Parmesan
1 Prise Chiliflocken
frisch geriebene Muskatnuss nach Geschmack
2 frische Eier (Größe M)
1 EL heller Essig

LOGI klassisch

1 In einem Topf ausreichend Salzwasser aufkochen. Die Kartoffeln schälen, waschen, in Stücke schneiden und in den Topf geben. In 20 Minuten weich garen. Inzwischen den Knoblauch abziehen. Den Feta mit einer Gabel zerbröckeln. Die Oliven abtropfen lassen und klein schneiden.

2 Den Spinat verlesen, waschen und in einem Topf mit kochendem Salzwasser 2–3 Minuten blanchieren. Den Spinat in ein Sieb abgießen, kalt abbrausen und abtropfen lassen. Dann gut ausdrücken und grob hacken. Die Zwiebel abziehen und fein hacken.

3 Die Milch und die Butter in einem Topf erwärmen. Die Kartoffeln abgießen und dazugeben. Den Knoblauch dazupressen und die Kartoffeln zerstampfen. Feta und Oliven unterheben. Das Püree mit Salz und Pfeffer würzen und warm halten.

4 Das Olivenöl in einer Pfanne erhitzen, die Zwiebel darin glasig dünsten. Den Spinat hinzufügen und 2 Minuten mitgaren. Mit Parmesan bestreuen und mit Chiliflocken, Muskat, Salz und Pfeffer würzen.

5 Die Eier in 2 Schälchen aufschlagen, sodass die Eigelbe ganz bleiben. In einem hohen Topf 2–3 Liter Wasser erhitzen, nicht aufkochen, dann den Essig hinzufügen. Das Wasser mit einem Löffel oder Schneebesen kreisend bewegen, sodass ein Sog entsteht. 1 Ei in den Sog gleiten lassen, 3–4 Minuten darin ziehen lassen. Dann mit einer Schaumkelle herausnehmen. Das zweite Ei genauso pochieren.

6 Den Spinat und das Kartoffelpüree auf einem Teller anrichten. Die pochierten Eier auf den Spinat setzen und mittig anschneiden, sodass das Eigelb ausläuft.

LOGI klassisch
1 Portion mit 555 g liefert 575 kcal, 31 g Protein, 37 g Fett, 28 g Kohlenhydrate.

Rote Paprika gefüllt mit Ei

Für 1 Person

LOGI klassisch
2 große rote Paprikas
30 g Naturreis
Salz nach Geschmack
1 Schalotte
1 Knoblauchzehe
100 g Cocktailtomaten
150 g Mangold
2 Stängel Petersilie
½ Bio-Zitrone
1 EL Olivenöl
bunter Pfeffer nach Geschmack
1 Prise Zucker
60 g Magerquark
2 Eier (Größe M)
Auflaufform (20 cm)

LOGI klassisch

1 Den Backofen auf 180 °C Ober-/Unterhitze (160 °C Umluft) vorheizen.

2 Die Paprikas waschen, das Stielende als Deckel abschneiden, das Kerngehäuse entfernen.

3 Reis in einem Topf mit kochendem Salzwasser nach Packungsanweisung gar kochen. Dann durch ein Sieb abgießen.

4 Währenddessen die Schalotte und den Knoblauch schälen und fein würfeln. Die Tomaten waschen und vierteln. Mangold verlesen, waschen und gut abtropfen lassen. Die Petersilie waschen und trocken schütteln, die Blätter abzupfen, ein paar beiseitelegen und den Rest hacken. Die Zitrone heiß waschen und mit Küchenpapier abtrocknen. Die Schale abreiben und die Frucht auspressen.

5 Das Öl in einem kleinen hohen Topf erhitzen, Schalotte und Knoblauch darin ca. 1 Minute anbraten. Die Tomaten, Zitronenschale und -saft zugeben. Zugedeckt bei mittlerer Hitze ca. 3 Minuten schmoren. Den Mangold, die gehackte Petersilie und 5 EL Wasser zugeben. Mit Salz, Pfeffer und Zucker würzen und 3–5 Minuten köcheln. Den Reis mit dem Quark unterheben und alles verrühren.

6 Die Paprikaschoten in die Auflaufform setzen und mit der Mangold-Reis-Mischung füllen. Im Ofen (Mitte) ca. 45 Minuten backen. Nach 15 Minuten auf jede Schote 1 Ei aufschlagen und mit Salz und Pfeffer würzen, dann im Ofen weiterbacken.

7 Zum Servieren die Paprikas mit der restlichen Petersilie bestreuen und die Deckel wieder aufsetzen.

Turbo-LOGI

1 große rote Paprika
20 g Naturreis
Salz nach Geschmack
1 kleine Schalotte
½ Knoblauchzehe
50 g Cocktailtomaten
100 g Mangold
2 Stängel Petersilie
½ Bio-Zitrone
1 EL Olivenöl
bunter Pfeffer nach Geschmack
1 Prise Zucker
50 g Magerquark
1 Ei (Größe L)
Auflaufform (10–15 cm)

LOGI klassisch

1 Portion mit 835 g liefert 540 kcal, 32 g Protein, 24 g Fett, 35 g Kohlenhydrate.

Turbo-LOGI

1 Portion mit 485 g liefert 340 kcal, 21 g Protein, 18 g Fett, 22 g Kohlenhydrate.

Turbo-LOGI

Zubereitung wie bei LOGI klassisch, aber in Schritt 2 nur 1 Paprika verwenden.

In Schritt 6 nach 15 Minuten 1 Ei aufschlagen.

Omelett-Pizza Italia

Für 1 Person

LOGI klassisch

300 g junger Blattspinat (frisch oder 150 g tiefgekühlt)
Salz nach Geschmack
80 g Cocktailtomaten
3–5 Basilikumblättchen
2 TL Olivenöl
frisch geriebene Muskatnuss und schwarzer Pfeffer nach Geschmack
½ Avocado
1 TL Zitronensaft
2 Eier (Größe M)
2 EL Milch (3,5 % Fett)
30 g geriebener Gouda
10 g geriebener Parmesan

Turbo-LOGI

150 g junger Blattspinat (frisch oder 100 g tiefgekühlt)
Salz nach Geschmack
40 g Cocktailtomaten
2–3 Basilikumblättchen
2 TL Olivenöl
frisch geriebene Muskatnuss und schwarzer Pfeffer nach Geschmack
50 g Avocado
1 Spritzer Zitronensaft
1 Ei (Größe M)
1 EL Milch (3,5 % Fett)
15 g geriebener Gouda
5 g geriebener Parmesan

LOGI klassisch

1. Den Spinat verlesen, waschen und in einem Topf mit kochendem Salzwasser 2–3 Minuten blanchieren. Den Spinat in ein Sieb abgießen, kalt abbrausen und abtropfen lassen, dann ausdrücken und grob hacken.

2. Die Tomaten waschen und halbieren. Das Basilikum waschen und trocken schütteln.

3. 1 TL Öl in einer beschichteten Pfanne erhitzen und den Spinat und die Tomaten darin anbraten. Mit Muskat, Salz und Pfeffer würzen.

4. Die Avocado schälen, den Kern entfernen, das Fruchtfleisch in feine Spalten schneiden und mit Zitronensaft beträufeln.

5. In einer Schüssel Eier, Milch, Salz und Pfeffer mit dem Schneebesen verquirlen. Das restliche Öl in einer zweiten beschichteten Pfanne erhitzen. Die Eier hineingeben und braten, bis das Omelett unten Farbe angenommen hat. Mithilfe eines Tellers wenden.

6. Den Spinat, die Tomaten und den Gouda auf dem Omelette verteilen und bei niedriger Hitze ca. 3 Minuten braten, bis der Käse leicht geschmolzen ist. Omelett zuklappen, mit Parmesan bestreuen und mit den Avocadospalten servieren.

Turbo-LOGI

Zubereitung wie bei LOGI klassisch, aber in Schritt 5 nur 1 Ei mit der Milch, Salz und Pfeffer verquirlen.

LOGI klassisch

1 Portion mit 480 g liefert 545 kcal, 30 g Protein, 42 g Fett, 8 g Kohlenhydrate.

Turbo-LOGI

1 Portion mit 255 g liefert 330 kcal, 15 g Protein, 27 g Fett, 4 g Kohlenhydrate.

Desserts

Sie haben mal wieder Lust auf etwas Süßes? Mit unseren Desserts müssen Sie kein schlechtes Gewissen haben. Gemäß den LOGI-Prinzipien zu essen bedeutet zwar, weniger Süßes, aber nicht gar kein Dessert mehr genießen zu dürfen. Dank der richtigen Zutaten wie Gewürze, Kräuter, Nüsse und Früchte erhalten unsere Süßspeisen auch mit weniger Zucker eine geschmackvolle Note. Probieren Sie es aus und lassen Sie es sich schmecken.

Die Desserts sind nicht in Turbo-LOGI oder LOGI klassisch eingeteilt. Sie sind nicht als Hauptspeisen vorgesehen.

Mirabellen-Clafoutis

Für 1 Person

Butter für die Form
80 g Mirabellen (frisch oder aus dem Glas)
1 Eiweiß + 1 Ei (Größe S)
1 Prise Salz
1 Spritzer Zitronensaft
1 TL Vanillezucker
25 g gemahlene, blanchierte Mandeln
1 EL Ricotta (oder Sahnequark)
100 ml Milch (3,5 % Fett)
½ TL Johannisbrotkernmehl
2 feuerfeste Förmchen (Ø 9 cm)

1. Den Backofen auf 180 °C Ober-/Unterhitze (160 °C Umluft) vorheizen.
2. Die Förmchen mit Butter einfetten. Die Mirabellen waschen, mit Küchenpapier trocken tupfen, entsteinen und gleichmäßig in die Förmchen verteilen.
3. Das Eiweiß in einer Schüssel mit Salz und Zitronensaft mithilfe des Handrührgeräts steif schlagen.
4. Das Ei in einer zweiten Schüssel mit dem Vanillezucker cremig rühren. Zunächst die Mandeln, dann den Ricotta unterrühren. Nach und nach die Milch zugeben. Das Johannisbrotkernmehl gut untermischen.
5. Den Eischnee vorsichtig unter den Teig ziehen. Den Teig gleichmäßig über die Mirabellen gießen. Die Clafoutis im Ofen (Mitte) 30–35 Minuten backen.

Tipp:
Statt Mirabellen können Sie auch Beeren verwenden.

1 Portion mit 335 g liefert 440 kcal, 24 g Protein, 26 g Fett, 25 g Kohlenhydrate.

Panna cotta mit Beeren

Für 1 Person

½ Bio-Zitrone
50 ml Sahne
½ Beutel (7,5 g) Gelatine fix
50 g Magerquark
50 ml Milch (3,5 % Fett)
5 g Vanillezucker
75 g Beeren, z. B. Blaubeeren oder Erdbeeren (tiefgekühlt oder frisch)
½ TL gemahlene Vanille
1 schwach gehäufter TL Puderzucker
1 Förmchen (250 ml Inhalt)

1 Die Zitrone waschen, mit Küchenpapier abtrocknen, die Schale abreiben und die Frucht auspressen.

2 Die Sahne in einer Schüssel mit dem Handrührgerät steif schlagen. In einer zweiten Schüssel Gelatine fix mit Quark und Milch mit dem Handrührgerät 1 Minute verrühren. Sahne, Zitronenschale, Zitronensaft und Vanillezucker unterheben.

3 Die Sahnecreme in das Förmchen gießen und mindestens 1 Stunde kalt stellen.

4 Die TK-Beeren auftauen lassen. Frische Beeren vorsichtig waschen, verlesen und mit Küchenpapier trocken tupfen. Kurz vor dem Servieren die Beeren in einer Schüssel mit dem Stabmixer pürieren und mit der Vanille verrühren. Die Panna cotta mit dem Beerenpüree anrichten und mit Puderzucker bestäubt servieren.

1 Portion mit 245 g liefert 310 kcal, 19 g Protein, 18 g Fett, 17 g Kohlenhydrate.

Quarkmousse auf Rotweinzwetschgen

Für 1 Person

100 g Zwetschgen
15 g Butter
25 ml lieblicher Rotwein
1 TL Orangensaft
1 TL Honig
½ TL Zimt
1 Gewürznelke
½ TL Johannisbrotkernmehl
1 Eiweiß
1 Prise Salz
1 TL Zitronensaft
100 g Quark (20 % Fett i. Tr.)
1 TL Mineralwasser
½ TL Balsamicocreme

1. Die Zwetschgen waschen, halbieren und entsteinen. In einem Topf die Butter zerlassen. Die Zwetschgen darin andünsten. Mit Wein und Orangensaft ablöschen. Honig, Zimt und Nelke hinzufügen und etwa 15 Minuten bei schwacher Hitze offen einköcheln lassen.

2. Die Nelke herausnehmen. Das Johannisbrotkernmehl unter ständigem Rühren zugeben. Den Topf von der heißen Platte nehmen und die Rotweinzwetschgen abkühlen lassen. Dann in ein Dessertschälchen füllen.

3. Das Eiweiß in einer Schüssel mit dem Salz und 1 Spritzer Zitronensaft mit dem Handrührgerät steif schlagen. In einer zweiten Schüssel Quark, Mineralwasser und den restlichen Zitronensaft cremig rühren. Den Eischnee unterheben.

4. Die Quarkmousse auf die Rotweinzwetschgen geben und mit Balsamicocreme beträufeln.

1 Portion mit 305 g liefert 345 kcal,
19 g Protein, 18 g Fett, 20 g Kohlenhydrate.

Aprikosen mit Nusshaube

Für 1 Person

4 Aprikosen (200 g)
1 Ei (Größe M)
1 Prise Salz
1 Spritzer Zitronensaft
40 g Magerquark
1 EL Orangensaft
5 g gemahlene Mandeln
10 g Mandelblättchen
Auflaufform (15 cm)

1. Den Backofen auf 180 °C Ober-/Unterhitze (160 °C Umluft) vorheizen.

2. Die Aprikosen waschen, halbieren und die Kerne entfernen. Nebeneinander mit der Schnittfläche nach oben in eine Auflaufform setzen.

3. Für die Nusshaube das Ei trennen. Das Eiweiß in einer Schüssel mit dem Salz und 1 Spritzer Zitronensaft mit dem Handrührgerät steif schlagen. In einer zweiten Schüssel das Eigelb cremig rühren. Quark, Orangensaft und die gemahlenen Mandeln untermischen. Den Eischnee unterheben.

4. Die Mandelblättchen fein hacken und unter die Nussmasse heben. Diese in die Aprikosenhälften löffeln. Aprikosen im Ofen (Mitte) 15–20 Minuten gratinieren.

1 Portion mit 220 g liefert 250 kcal,
17 g Protein, 14 g Fett, 12 g Kohlenhydrate.

Obstsalat mit Schokocreme

Für 1 Person

150 g frische, zuckerarme Früchte, z. B. Beeren, Apfel, Kiwi
1 EL Zitronensaft
70 ml Sahne
1 TL dunkles Kakaopulver (ungezuckert)
100 g Magerquark
Spritzbeutel

1 Die Früchte waschen, putzen und je nach Sorte eventuell in mundgerechte Stücke schneiden. Sofort in einer Schüssel mit Zitronensaft beträufeln. Zugedeckt 5 Minuten ziehen lassen.

2 Die Sahne in einer zweiten Schüssel mit dem Handrührgerät halbsteif schlagen. Kakaopulver zugeben und die Sahne ganz steif schlagen. Den Quark vorsichtig unterrühren.

3 Den Obstsalat in ein Desserschälchen füllen und die Schokocreme mithilfe eines Spritzbeutels dekorativ aufspritzen.

1 Portion mit 325 g liefert 350 kcal, 17 g Eiweiß, 24 g Fett, 14 g Kohlenhydrate.

Wochenpläne und Einkaufslisten

Wochenplan für Turbo-LOGI

	Frühstück	Mittagessen	Abendessen
Tag 1	Gefüllte Romanaschiffchen mit Lachs und Avocado (S. 80) 255 kcal, 4 g Kohlenhydrate und 21 g Protein	Auberginensalat mit Granatapfel und Feta (S. 112) 340 kcal, 19 g Kohlenhydrate und 14 g Protein	Zander auf Ofenzucchini und Zuckerschoten (S. 144) 320 kcal, 24 g Kohlenhydrate und 28 g Protein
Tag 2	Salatwraps mit Schinken und Tomaten (S. 78) 245 kcal, 9 g Kohlenhydrate und 16 g Protein	Spinat-Eier-Rolle mit Lachs (S. 220) 355 kcal, 5 g Kohlenhydrate und 38 g Protein	Italienische Minestrone (S. 100) 345 kcal, 22 g Kohlenhydrate und 20 g Protein
Tag 3	Tomaten mit Krabbencreme und Käse (S. 82) 245 kcal, 7 g Kohlenhydrate und 18 g Protein	Glasierte Tomaten auf Feldsalat mit Rindfleischstreifen und Feta (S. 120) 355 kcal, 8 g Kohlenhydrate und 29 g Protein	Spinat-Kichererbsen-Pfanne mit Datteln (S. 202) 340 kcal, 26 g Kohlenhydrate und 16 g Protein
Tag 4	Ricotta-Vanille-Creme mit roten Früchten (S. 84) 250 kcal, 15 g Kohlenhydrate und 12 g Protein	Kichererbsensalat mit Chili, Minze und Manchego (S. 118) 340 kcal, 22 g Kohlenhydrate und 18 g Protein	Kabeljau auf Salat mit mediterranem Gemüse (S. 142) 310 kcal, 4 g Kohlenhydrate und 28 g Protein
Tag 5	Gurkenscheiben mit Thunfischcreme (S. 76) 250 kcal, 5 g Kohlenhydrate und 24 g Protein	Puten-Ananas-Spieße mit Basilikum-Joghurt-Creme (S. 174) 350 kcal, 15 g Kohlenhydrate und 27 g Protein	Italienischer Auberginenauflauf mit Mozzarella (S. 194) 325 kcal, 13 g Kohlenhydrate und 18 g Protein
Tag 6	LOGI-Brot mit Rucola und Mozzarella (S. 69) 230 kcal, 9 g Kohlenhydrate und 12 g Protein	Möhrenspaghetti bolognese (S. 158) 330 kcal, 19 g Kohlenhydrate und 20 g Protein	Pilzpfanne mit Ricottacreme (S. 214) 330 kcal, 10 g Kohlenhydrate und 25 g Protein
Tag 7	Eiweiß-Kraft-Müsli (S. 83) 250 kcal, 19 g Kohlenhydrate und 15 g Protein	Kokos-Brokkoli-Suppe mit Thunfisch (S. 99) 345 kcal, 8 g Kohlenhydrate und 22 g Protein	Salat mit Pute und gegrilltem Gemüse (S. 122) 340 kcal, 18 g Kohlenhydrate und 35 g Protein

Wochenplan für LOGI klassisch

	Frühstück	Mittagessen	Abendessen
Tag 1	Blueberry-Ricotta-Shake (S. 87) 300 kcal, 15 g Kohlenhydrate und 18 g Protein	Feldsalat mit gratiniertem Sesam-Ziegenkäse (S. 110) 565 kcal, 12 g Kohlenhydrate und 25 g Protein	Gebratener Zander mit Erbsen-Auberginen-Gemüse (S. 138) 600 kcal, 25 g Kohlenhydrate und 41 g Protein
Tag 2	LOGI-Brot mit Schinken und Ei (S. 70) 345 kcal, 16 g Kohlenhydrate und 25 g Protein	Orangen-Rote-Bete-Salat mit Gorgonzola und Walnüssen (S. 114) 545 kcal, 25 g Kohlenhydrate und 21 g Protein	Cremige Pilzsuppe mit Thymian (S. 102) 505 kcal, 15 g Kohlenhydrate und 40 g Protein
Tag 3	Eiweißbrot mit Avocado, Lachs und Schinkenspeck (S. 72) 355 kcal, 6 g Kohlenhydrate und 29 g Protein	Andalusische Eier (S. 222) 505 kcal, 28 g Kohlenhydrate und 28 g Protein	Ziegenkäse auf Zucchinicarpaccio mit Basilikum-Tomaten-Pesto (S. 192) 600 kcal, 11 g Kohlenhydrate und 26 g Protein
Tag 4	Käse-Wurstsalat mit bunten Paprikaschiffchen (S. 74) 350 kcal, 13 g Kohlenhydrate und 17 g Protein	Rucolasalat mit Beeren und Mozzarella (S. 115) 615 kcal, 23 g Kohlenhydrate und 29 g Protein	Schellfisch in würziger Tomatensoße (S. 146) 565 kcal, 30 g Kohlenhydrate und 46 g Protein
Tag 5	Rührei auf Babyspinat (S. 79) 330 kcal, 3 g Kohlenhydrate und 18 g Protein	Grapefruit mit Rindfleisch und Feta (S. 162) 560 kcal, 19 g Kohlenhydrate und 45 g Protein	Gemüsegratin mit Pinienkernen (S. 196) 635 kcal, 28 g Kohlenhydrate und 32 g Protein
Tag 6	Omelette mit Paprika und Champignons (S. 75) 340 kcal, 7 g Kohlenhydrate und 25 g Protein	Putenmoussaka (S. 172) 590 kcal, 35 g Kohlenhydrate und 42 g Protein	Zucchinispaghetti mit Tomaten und Mozzarella (S. 198) 600 kcal, 32 g Kohlenhydrate und 27 g Protein
Tag 7	Süße Cannelloni (S. 86) 335 kcal, 24 g Kohlenhydrate und 19 g Protein	Mediterranes Chili con Carne (S. 94) 550 kcal, 30 g Kohlenhydrate und 35 g Protein	Gebratene Avocado und Feigen auf Rucola mit Bresaola (S. 116) 555 kcal, 29 g Kohlenhydrate und 18 g Protein

Einkaufsliste für die Turbo-LOGI-Phase

Damit die Umsetzung im Alltag für Sie einfacher ist, haben wir eine Einkaufsliste passend zum Wochenplan zusammengestellt.

Gemüse und Hülsenfrüchte

	Turbo-LOGI
Auberginen	1 Stück (450 g)
Blattspinat, frisch	300 g
Brokkoli	1 Stück (200 g)
Cocktailtomaten	155 g
Erbsen (TK)	1 Packung (20 g)
Frühlingszwiebel	1 Bund
Möhren	1 Bund (330 g)
Paprika, gelb	1 Schote
Paprika, mini, gelb, orange, rot	jeweils 1 Schote
Paprika, rot	1 Schote
Schalotte	1 Stück
Staudensellerie	1 Staude
Tomaten, Strauch	4 Stück
Zucchini	1 (250 g)
Zuckerschoten	50 g
Zwiebel	2 Stück
Zwiebel, rot	3 Stück

Salat, Pilze

	Turbo-LOGI
Champignons	300 g
Eisbergsalat	1 Kopf (4 Blätter)
Feldsalat	1 Packung (100 g)
Gurke	2 Stück (390 g)
Römerherzen	1 Stück (2 Blätter)
Rucola	1 Packung (35 g)

Obst

	Turbo-LOGI
Äpfel	1 Stück (75 g)
Avocado	1 Stück (120 g)
Beeren, mix	50 g
Datteln, getrocknet	10 g
Granatapfel	1 Stück (70 g)
Zitronen	2 Stück

Eier

	Turbo-LOGI
Eier (Größe M)	5 Stück

Fisch und Aufschnitt

	Turbo-LOGI
Kabeljau	1 (120 g)
Lachsaufschnitt, geräuchert	110 g
Nordseekrabben	1 Packung (50 g)
Thunfisch, im eigenen Saft	1 Konserve (75 g)
Thunfischsteak	1 Stück (60 g)
Zander	1 (120 g)

Fleisch und Aufschnitt

	Turbo-LOGI
Putenbruststeak	2 (225 g)
Rinderfilet	1 (80 g)
Rinderhackfleisch, mager	60 g
Schinken, gekocht, ohne Fettrand	6 dünne Scheiben (60 g)

Milchprodukte, Käse

	Turbo-LOGI
Buttermilch	1 Becher (60 ml)
Feta	1 Packung (140 g)
Frischkäse (17 % Fett)	1 Becher (150 g)
Frischkäse (Magerstufe)	1 Becher (50 g)
Gouda, gerieben	1 Packung (20 g)
Gratinkäse, gerieben	1 Packung (10 g)
Joghurt (3,5 % Fett)	1 Becher oder Glas (225 g)
Magerquark	1 Becher (390 g)
Manchego-Käse	1 Packung (40 g)
Milch (3,5 % Fett)	1 Karton oder Flasche (40 ml)
Mozzarella	1 Stück (100 g)
Parmesan	1 Packung (25 g)
Parmesan, gerieben	1 Packung (20 g)
Ricotta	1 Becher (170 g)

Fette und Kokos

	Turbo-LOGI
Butter	1 Packung (5 g)
Kokosmilch	1 Konserve (100 ml)
Olivenöl nativ extra	1 Flasche
Pesto, grün	1 Glas (1 TL)

Nüsse, Samen, Kerne

	Turbo-LOGI
Kürbiskerne	1 Packung (10 g)
Leinsamen, goldgelb geschrotet	1 Packung (75 g)
Mandelblättchen	1 Packung (10 g)
Mandeln, gemahlen, blanchiert	1 Packung (100 g)
Pistazien	1 Packung (5 g)

Aus der Dose/im Karton/aus dem Glas

	Turbo-LOGI
Bohnen, weiß	1 Dose (40 g)
Erbsen	1 Dose (30 g)
Kichererbsen	1 Glas (100 g)
Oliven, grün, in Wasser eingelegt, ohne Stein	1 Glas (10 g)
Oliven, schwarz, in Wasser eingelegt, ohne Stein	1 Glas (20 g)
Tomaten, geschält	1 Karton (450 g)
Tomaten, getrocknet, in Öl eingelegt	1 Glas (2 Stück)
Tomaten, passiert	1 Karton (150 g)
Tomatenmark	1 Tube (1 EL)

Getreide und Kartoffeln

	Turbo-LOGI
Haferflocken, fein	1 Packung (75 g)
Haferkleie, fein	1 Packung (50 g)
Kartoffeln	100 g

Kräuter und Gewürze

	Turbo-LOGI
Basilikum	1 Topf
Cayennepfeffer	1 Döschen
Chiligewürz	1 Döschen
Chilischote, rot	2 Schoten
Chiliflocken	1 Döschen
Currypulver	1 Döschen
Dill	1 Bund
Hähnchengewürz	1 Döschen
Ingwer	1 Knolle
Kerbel, getrocknet	1 Bund
Knoblauch	1 Knolle
Koriander	1 Bund

	Turbo-LOGI
Kräuter der Provence, getrocknet	1 Döschen
Kreuzkümmel, getrocknet	1 Döschen
Majoran, gemahlen	1 Döschen
Minze	1 Bund
Muskatnuss	1 Nuss
Oregano	1 Döschen
Petersilie, glatt	3 Bunde
Pfeffer, schwarz	1 Mühle
Pfeffer, bunt	1 Döschen
Pfeffer, rot (rosa Beeren)	1 Tütchen
Rosmarin	1 Zweig
Salz	1 Döschen
Schnittlauch	1 Bund
Thymian	4 Zweige
Vanille	1 Gläschen als Mühle
Zimt, gemahlen	1 Döschen

Sonstiges

	Turbo-LOGI
Aceto balsamico, hell	1 Flasche
Fleur de Sel	1 Döschen
Honig	1 Glas (15 g)
Limettensaft	1 Flasche
Senf, mild	1 Glas (2 TL)
Senf, mittelscharf	1 Glas (1 TL)
Senf, süß	1 Glas (1 TL)
Zitronensaft	1 Flasche
Zucker	1 Päckchen (1 TL)
Wasser, heiß	300 ml

Einkaufsliste für LOGI klassisch

Gemüse und Hülsenfrüchte

	LOGI klassisch
Auberginen	1 (350 g)
Babyspinat	75 g
Brechbohnen	100 g
Cocktailtomaten	300 g
Erbsen (TK)	1 Packung (30 g)
Fenchel	1 Knolle (150 g)
Frühlingszwiebel	1 Bund
Möhren	1 Bund (250 g)
Paprika, gelb	1 Schote
Paprika, grün	1 Schote
Paprika, rot	5 Schoten
Radieschen	1 Bund (100 g)
Rote Bete, gekocht, vakuumverpackt	1 Packung (100 g)
Tomaten	150 g
Zucchini	2 (450 g)
Zuckerschoten	1 Packung (50 g)
Zwiebel	1 Stück
Zwiebel, rot	1 Stück

Salat, Pilze

	LOGI klassisch
Champignons	150 g
Chicorée	1 Stück (100 g)
Feldsalat	1 Packung (60 g)
Kopfsalat	1 Kopf (8 Blätter)
Pilze, z. B. Champignons, Pfifferlinge	500 g
Rucola	1 Packung (200 g)

Obst

	LOGI klassisch
Avocado	1 Stück (150 g)
Beeren, mix	50 g
Blaubeeren	200 g
Cranberrys, getrocknet	1 Tüte (15 g)
Feigen	100 g
Grapefruit	1 Stück
Orange	1 (75 g)

Eier

	LOGI klassisch
Eier (Größe M)	15 Stück

Fisch und Aufschnitt

	LOGI klassisch
Lachsaufschnitt, geräuchert	1 Packung (20 g)
Schellfisch	1 (200 g)
Zander mit Haut	1 (150 g)

Fleisch und Aufschnitt

	LOGI klassisch
Bresaola	50 g in Scheiben
Chorizowurst	1 Scheibe (15 g)
Mortadella	1 Scheibe (30 g)
Putenbrust	1 (100 g)
Rinderhackfleisch	120 g
Rindersteak	1 (150 g)
Schinken, gekocht ohne Fettrand	1 Scheibe (20 g)
Schinkenspeck	1 Scheibe (15 g)
Serranoschinken	1 Scheibe (15 g)

Milchprodukte, Käse

	LOGI klassisch
Feta	1 Packung (50 g)
Frischkäse (17 % Fett)	1 Becher (10 g)
Frischkäse (Magerstufe)	1 Becher (40 g)
Gorgonzola	75 g
Gouda, alt	1 Packung (30 g)
Gouda, gerieben	1 Packung (5 g)
Magerquark	1 Becher (400 g)
Milch (3,5 % Fett)	1 Karton oder Flasche
Mozzarella	2 Stück (250 g)
Mozzarella, gerieben	1 Packung (15 g)
Mozzarella, mini, Kügelchen	1 Packung (75 g)
Parmesan	1 Packung (40 g)
Quark (20 % Fett i. Tr.)	1 Becher (150 g)
Ricotta	1 Becher (100 g)
Sahne	1 Becher oder Flasche (40 ml)
Ziegenkäserolle	100 g
Ziegentaler	2 Stück (100 g)

Fette und Kokos

	LOGI klassisch
Butter	1 Packung
Olivenöl nativ extra	1 Flasche
Mandelmus	1 Glas (1 TL)

Nüsse, Samen, Kerne

	LOGI klassisch
Leinsamen, goldgelb geschrotet	1 Packung (50 g)
Mandeln, gemahlen, blanchiert	1 Packung (150 g)
Pekannüsse	1 Packung (20 g)
Pinienkerne	1–2 Packungen (50 g)
Sesam, hell	1 Packung (2 EL)
Walnüsse	1 Packung (20 g)

Aus der Dose/im Karton/aus dem Glas

	LOGI klassisch
Cornichons	1 Glas (50 g)
Kapern	1 Glas (20 g)
Kidneybohnen	1 Glas (50 g)
Mais	1 Dose (30 g)
Oliven, grün, in Wasser eingelegt, ohne Stein	1 Glas (20 g)
Oliven, schwarz, in Wasser eingelegt, ohne Stein	1 Glas (50 g)
Tomaten, getrocknet, in Öl eingelegt	1 Glas (45 g)
Tomaten, halbgetrocknet	1 Glas (25 g)
Tomaten, stückig, gehackt	3 Dose (900 g)
Tomatenmark	1 Tube

Getreide und Kartoffeln

	LOGI klassisch
Haferflocken	1 Packung (60 g)
Haferkleie	1 Packung (50 g)
Kartoffeln, festkochende	100 g
Olivenbaguette	1 Scheibe (30 g)
Vollkorn-Spaghetti	1 Packung (20 g)
Weizenmehl	1 Packung (60 g)

Kräuter und Gewürze

	LOGI klassisch
Basilikum, frisch	1 Topf
Basilikum, gemahlen	1 Döschen
Cayennepfeffer	1 Döschen
Chiliflocken	1 Döschen
Chilipulver	1 Döschen
Knoblauch	1 Knolle
Majoran, gemahlen	1 Döschen
Meersalz	1 Döschen

	LOGI klassisch
Minze	1 Bund
Muskatnuss	1 Nuss
Oregano	2 Zweige
Oregano, gemahlen	1 Döschen
Paprika, edelsüß	1 Döschen
Paprika, rosenscharf	1 Döschen
Petersilie, glatt	1 Bund
Petersilie, kraus	½ Bund
Pfeffer, schwarz	1 Döschen
Rosmarin	1 Zweig
Salz	1 Döschen
Schnittlauch	½ Bund
Thymian	14 Zweige
Thymian, gemahlen	1 Döschen
Vanille, gemahlen	1 Döschen

Sonstiges

	LOGI klassisch
Aceto balsamico, dunkel	1 Flasche
Aceto balsamico, hell	1 Flasche
Backpulver	1 Päckchen
Dijon-Senf	1 Glas
Honig	1 Glas (35 g)
Vanillezucker	1 Päckchen
Wasser	350 ml
Zitronensaft	1 Flasche
Zucker	1 Päckchen (½ TL)

Rezeptübersicht

Fleisch und Geflügel

Vegetarisch

Eiergerichte

Desserts

Bildnachweis

S. 12, 13: shutterstock/Dragon_Fly; S. 20, 21: © riva Verlag; S. 24, 66, 67: istock/barol16; S. 25: shutterstock/marcin jucha; S. 34: istock/sorendls; S. 35: Wolfgang Schardt, shutterstock/Kiian Oksana, shutterstock/hlphoto; S. 39: shutterstock/ Africa Studio, shutterstock/Evgeny Karandaev, shutterstock/ DronG, Studio Reiner Schmitz, shutterstock/Liliya Kandrashevich; S. 47: shutterstock/Elena Veselova; S. 64: istock/Nadasaki; S. 73: shutterstock/bonchan; S. 71, 74, 83, 109, 125, 153, 159, 161, 175, 177, 187, 189, 191, 221: Studio Reiner Schmitz, München; S. 75: shutterstock/hgpro; S. 77, 85, 91, 93, 113, 114, 117, 119, 133, 135, 137, 139, 165, 167, 173, 199, 201, 203, 205, 223, 225: Wolfgang Schardt; S. 78, 147, 233: shutterstock/Iryna Pospikh; S. 79: shutterstock/TunedIn by Westend61; S. 81: shutterstock/Elena Shashkina; S. 82: shutterstock/Marso; S. 86, 111, 149, 151, 155, 163, 169, 171, 183, 193, 195, 197, 232, 234, 235, 236: Studio L'Eveque, München; S. 87: shutterstock/Mariana Romaniv; S. 88, 89: istock/ dulezidar; S. 95: Fischer Food Design; S. 97: shutterstock/Melinda Fawver; S. 98: shutterstock/nesavinov; S. 99: shutterstock/Whiteaster; S. 101: shutterstock/Corinna Haselmayer; S. 103: shutterstock/Africa Studio; S. 105: shutterstock/Rawpixel.com; S. 105, 106: istock/Lilechka75; S. 115, 121: shutterstock/ DronG; S. 123, 181: AS Food studio; S. 127: shutterstock/gkrphoto; S. 128, 129: istock/Pronina Marina; S. 131: shutterstock/Marina Onokhina; S. 141, 143, 145: shutterstock/hlphoto; S. 155, 156: Evgeny Karandaev; S. 179: shutterstock/Lyudmila Mikhailovskaya; S. 182: shutterstock/Eleonora Druzhinina; S. 184, 185: istock/KucherAV; S. 207: shutterstock/FOOD_PHOTOGRAPHY; S. 209: shutterstock/ NoirChocolate; S. 211: shutterstock/Maren Winter; S. 213: shutterstock/Indian Food Images; S. 215: shuttertstock/TalyaAL; S. 217: shutterstock/Sunvic; S. 218, 219: istock/ivandzyuba; S. 227: shutterstock/ Anna Shepulova; S. 229: shutterstock/zefirchik06; S. 230, 231: istock/Arx0nt